미네르바의 부엉이

천 년에 한 번
있을까 말까 하는
화폐의 진화

김수진 지음

'미네르바의 부엉이는 황혼에 날아간다'

미네르바MINERVA의 유래는 로마 신화에 나오는 지혜의 여신으로 그리스 신화의 '아테나Aehena'에 뿌리를 둔다. 배움의 발상지인 그리스 아테네에는 '미네르바의 숲'이라는 숲이 있었다. 미네르바는 다른 신이나 인간에게 심부름할 때 부엉이를 전령으로 보낸다.

헤겔의 《법철학》 서문에 "미네르바의 부엉이는 황혼 속으로 날아간다The owl of Minerva spreads its wings only with the falling of dusk."라는 은유적인 구절이 나온다. '지식의 상징인 미네르바의 부엉이, 즉 인간의 지혜는 낮이 아닌 밤에 활동하는 부엉이처럼 전성기를 지나 늙어서야 얻을 수 있는 것'이라는 설명이다.

부엉이는 미네르바를 섬기기 위해 전 세계의 지식을 모으고 한 시대가 저물고 낡은 지혜가 황혼에 접어들면 새로운 지혜를 열기 위해 푸드덕 날아오른다. 한 시대가 황혼에 이르면 그 시대를 정의했던 사상, 철학, 사회경제적 시스템도 더 이상 작동하지 않고, 다음 시대를 정의하는 새로운 사상, 철학, 사회경제적 체계가 등장하여 새벽을 부른다. 인류의 역사는 이런 식으로 앞으로 나아간다고 말하고 싶었던 것이다.

《미네르바의 부엉이: 천 년에 한 번 있을까 말까 하는 화폐의 진화》는 과거에 경의를 표하고 미래를 적극적으로 포용하는 새로운 시대를 밝히는 역할을 하고 싶다.

출처: Etsy

피카소에게서 배우는 돈의 본질

'옥석혼효 玉石混淆'. 옥과 돌이 뒤섞여 있다는 뜻으로 뛰어난 것과 변변치 않은 것이 섞여 있는 상태를 일컫는 사자성어다. 한때 국내 암호화폐 시장에서도 2021년 개정된 특금법특정 금융 거래 정보의 보고 및 이용 등에 관한 법률이 시행되기 이전에 수많은 코인과 거래소가 난립하던 상황을 옥석혼효에 비유하곤 했다. 그렇다고는 해도 옥과 돌의 경계선이 애매한 경우도 있다. 시대가 바뀌면 옥이 돌이 되기도 하고, 돌이 후세에 옥으로 평가받기도 한다. 현재는 매우 높이 평가받고 있는 예술가나 작가라도 생전에는 무명씨에 불과했던 이들도 많다. 두 명의 천재 화가인 반 고흐와 피카소의 명성은 누구나 잘 알고 있다. 그러나 이 둘의 삶의 환경은 하늘과 땅만큼이나 달랐다.

오늘날 빈센트 반 고흐Vincent van Gogh는 해바라기 작품 등으로 유명한 화가의 반열에 올랐지만, 살아생전에는 전혀 인정받지 못했다. 반 고흐가 여러 직업을 전전하면서 화가가 되기 위해 고군분투하다가 폴 고갱Paul Gauguin과의 공동 생활이 파탄으로 끝난 후에 자기 귀를 잘랐다는 에피소드는 유명하다. 고흐는 동생 테오Theo의 이해와 지원으로 창작 활동을 계속할 수 있었지만 2,000여 점의 작품 중 생전에 판매된 작품은 단 한 점에 불과했다. 고흐는 세상 사람들의 눈이 썩어서 자신의 그림이 팔리지 않는 것이라고 비관하며 결국 총으로 자살하기에 이른다.

하지만 파블로 피카소Pablo Picasso는 달랐다. 탁월한 예술적 재능을 가진 천재 화가이기도 했지만, 화가로서 명성을 얻어 경제적으로 윤택한 생을 보냈다. 91세의 나이로 생애를 마친 피카소는 생전에 가장 부를 많이 축적한 화가로 알려져 있다. 7세 때부터 미술 교사였던 아버지로부터 성실하게 교육을 받은 피카소는 어릴 때부터 천재성을 발휘했다. 교직에 있던 아버지가 스스로 더 이상 아들을 감당할 수 없다고 느껴 다시는 붓을 잡지 않았다는 이야기는 그의 재능이 얼마나 비범했는지를 보여 준다.

피카소는 1973년 91세의 나이로 세상을 떠났을 때 총 45,000점이 넘는 방대한 작품을 남겼다. 1900~1973년 사이 약 20곳에 살면서 창작에 바빴던 그는 두 개의 성과 세 개의 저택도 가지고 있었다. 피카소의 유산에 정통한 사람에 따르면, 약 450만 달러의 현금과 130만 달러 상당의 금괴도 있었다고 한다. 주식과 채권도 있었는데 정확한 금액은 공개되지 않았다. 1980년에 피카소의 재산은 2억 5,000만 달러로 평가되었지만 전문가들은 실제 가치가 수십억 달러에 이를 것으로 추산한다. "피카소가 오늘날 살아 있다면 세계에서 가장 부유한 10인 중 한 명이 될 것"이라고 제네바의 유명한 미술상이자 프랑스 소더비즈 Sotheby's의 전 회장인 마크 블론디어 Marc Blondeau는 말한다.

자신의 명성을 가능한 한 많은 돈으로 바꾸는 방법

피카소가 돈의 본질에 대한 탁월한 감각이 있었다는 것을 보여 주는 일화가 많다. 피카소는 'Pablo Diego José Francisco de Paula Juan Nepomuceno Crispín Crispiniano María de los Remedios de la Santísima Trinidad Ruiz Picasso'라는 긴 이름으로 세례를 받았다. 여러 성인, 외삼촌, 부모 등의 이름을 받아 추가했기 때문에 길어졌다고 한다. 그 이름들을 내세워 피카소는 일가친척과 조력자를 모집해 갔다. 그렇게 함으로써 오늘날 우리가 인적 네트워크라고 부르는 관계망을 확장하고 심화해 나갔다.

지폐이건 동전이건 통화 단위는 그것을 사용할 수 있다는 통화 결제 네트워크를 상징적으로 나타낸다. 그 네트워크를 사용하는 사용자는 통화의 가치 자체에 대한 신용을 갖게 된다. 피카소는 화폐의 본질, 즉 화폐는 커뮤니케이션을 위한 언어이자 그 가치는 네트워크와 신용이라는 점을 알고 있었다.

피카소는 또한 일류 영업 사원이기도 했다. 보통 화가들은 미술상에게 그림을 맡기고 자신은 창작 활동에 몰두하지만 피카소는 달랐다. 그림을 완성하고 나면 미술품 딜러들을 모아 놓고 그림을 보여 주기 전에 한 시간 정도 이야기를 나누었다. 그 그림이 어떤 배경을 담고 있는지, 어떤 마음의 풍경을 묘사하는지 설명한다. 그리고 가장 마지막에 천천히 시트를 펼쳐 그림을 보여 준다. 그러고 나면 그림에 담긴 스토리가 한눈에 들어와 단순히 그림을 감상할 때보다 훨씬 큰 가치가 느껴지고 감동으로 다가온다. 피카소가 수십 명의 화상을 불러 전시회를 열 때면 작품의 배경이나 의도를 해설한 데에는 두 가지 이유가 있었다.

첫째, 사람들은 작품이라는 물건을 사는 것이 아니라 거기에 얽혀 있는 이야기에 돈을 지급한다는 점을 알고 있었다.

둘째, 화상이 한자리에 모이면 경쟁 원리가 작용해 작품 가격이 올라가기 때문이다. 요컨대 피카소는 화가로서 재능이 있었을 뿐 아니라 자신의 가치를 돈으로 바꾸는 방법도 훤히 터득하고 있던 비즈니스맨이었다.

그림의 대가를 와인으로 받은 피카소

샤토 무통 로쉴드 Château Mouton-Rothschild라는 유명한 와인이 있다. 이 와인 라벨은 매년 유명한 화가가 그렸다. 1973년에는 피카소가 그 라벨을 디자인했는데, 2017년에는 한 병에 약 180만 원이었다. 피카소는 이 와인의 라벨을 그려 준 대가로 돈이 아니라 와인을 달라고 요청했다. 왜냐하면 자신이 그린 라벨 때문에 가격이 급등한 와인을 받게 되면 가치가 더욱 상승할 게 자명하기 때문이었다. 한편, 샤토 측도 거액의 보수를 한꺼번에 치를 필요가 없다는 장점이 있었다. 당연히 와인 가격은 해가 갈수록 올라갔다. 그리고 피카소도 창작 활동이 더욱 왕성해졌기 때문에 유명해졌다. 와인의 성숙 연도에 피카소의 상승한 명성을 곱해 가격이 올라간다. 일거양득이지 않은가?

일반적으로 화가는 일단 그림을 처음 팔고 나면 그 후에 아무리 그림이 고가로 거래되더라도 한 푼도 받지 못한다. 그러나 와인은 프리미엄이 붙어 가격이 오르기 때문에 그림을 팔고 난 뒤라도 수입이 생긴다. 와인의 가치가 점점 높아지고 게다가 화가인 본인이 소유하고 있기 때문에 그만큼 부가가치가 생긴다. 피카소에게는 자신이 디자인한 라벨이 붙은 와인이 최고의 투자처였던 셈이다.

피카소는 왜 수표를 사용했을까?

피카소는 또한 일상생활에서 소액 결제에 수표를 즐겨 사용했다. 어째서 미술용품과 물감을 구매할 때 수표로 지급했을까?

일반 사람은 수표를 받으면 은행에서 환전한다. 하지만 피카소한테서 받은 수표에는 유명한 피카소의 서명이 새겨져 있어서 주인은 은행에서 현금화하려고 하지 않는다. 따라서 피카소는 실제로는 돈을 지급할 필요가 없었다는 얘기다. 피카소의 서명이 지폐를 대신하는 셈이다. 그는 자신의 서명이 화폐 구실을 할 만큼 가치가 있다는 점을 간파하고 있었다. 피카소와 관련한 에피소드에는 이외에도 많다.

피카소만큼 머리가 비상하게 회전하는 예술가는 없었다. 그런 의미에서 진정한 천재였다.

그는 사물의 본질을 보았다. 돈은 일반적인 교환 수단이자 인류가 만들어낸 대단히 추상적인 매체이기도 하다. 돈의 가치는 타인이 그것을 돈으로 인식하고 받아주는 데 있다. 즉 자신이 돈을 사용하기 때문이 아니라, 타인이 그것을 받아 주기 때문에 가치가 생성되는 성질을 갖는다. 다른 사람이 돈을 받아 준다고 믿기 때문에 자신도 돈을 받게 된다.

피카소는 '돈의 본질=신용'이라는 점을 꿰뚫어 신용을 쌓아 부를 얻었다. 화폐는 커뮤니케이션을 위한 언어이고, 그 가치는 네트워크와 신용이다. 피카소는 양측 사이에 신뢰 관계만 있으면 돈이라는 매체에 의존하지 않고도 가치를 교환할 수 있다는 점을 알고 있었던 것이다.

피카소가 40세 되던 해에는 레스토랑 웨이터로부터 그림을 그려 달라는 부탁을 받은 적이 있다. 30초 정도 냅킨에 그림을 그린 후 1,000만 원이라고 웨이터한테 전했다. 겨우 30초 정도 만에 그린 그림이 무슨 1,000만 원이나 되냐며 웨이터가 묻자, 피카소는 이렇게 대답했다.

"아니죠. 이 그림은 30초 만에 완성한 게 아니라 40년이라는 세월 동안 30초나 들여 그린 것입니다."

피카소는 이러한 명언도 남겼다.

"그저 그런 예술가는 모방하지만 역사에 이름을 남기는 위대한 예술가는 훔친다."

피카소가 역사상 가장 다작 화가라고 불리는 것도 시장에 자신을 팔기 위해 도용에 도용을 거듭한 결과일지도 모른다. 발명왕으로 알려진 에디슨도 다른 기술자의 아이디어나 부하가 생각해 낸 아이디어를 주저하지 않고 포장해 특허를 신청했다. 그가 만든 회사가 오늘날에도 여전히 글로벌 기업으로 존재하는 제너럴 일렉트릭GE이라는 사실도 유명하다.

예술가와 작가 중에는 자살하거나 기구한 생을 보낸 사람이 많지만, 피카소는 92세의 장수 인생을 보내게 된다. 죽기 이전 해에도 죽음을 예견한 듯 자화상을 그려 옆에서 보면 충실한 삶을 살았던 것 같다. 생전에 피카소는 "나는 물체를 보이는 대로가 아니라 생각하는 대로 그린다I paint objects as I think them, not as I see them."라고 말한다. 호기심, 탐구심, 새로운 표현에 대한 끊임없는 추구가 그의 창작 활동의 원천이었음을 알 수 있다. 피카소는 다른 예술가들과의 교류와 경쟁, 주변 여성들, 사교 행사 등 다양한 것들을 끊임없이 자신의 영감으로 삼아 예술적 충동을 유지하곤 했다.

피카소는 자신의 명성을 가능한 한 많은 돈으로 바꾸는 방법, 즉 현대 금융에서 신용 창출이라고 부르는 '자본화'의 방법을 알고 있었다. 기업과 개인이 신용을 갖고 자신의 '화폐'를 발행할 수 있는 가능성을 갖게 되면 사람들은 돈의 결과보다 신용의 원인에 더 집중하게 된다. 그렇기 때문에 개인이 자신의 가치와 신뢰를 창출하는 것이 더욱 중요하다.

돈의 유무는 사람의 행복과 직접적인 관련이 없다. 그러나 우리는 돈의 진정한 본질을 알아야 한다. 그렇지 않으면 우리가 자유롭게 삶을 창조하고 행복하게 사는 것이 점점 더 어려워질 것이다. 돈을 무언가를 생산하기 위한 '창조적 무기'로 사용하고 다가올 미래를 준비한다면 경제적으로나 사회적으로나 자유롭게 살 수 있을 것이다.

목차

CONTENTS

애덤 스미스를
저격하라

1

경제학이 무시한 최신 화폐 역사

1000년에 한 번 있을까 말까 하는 화폐의 진화

우리들이 어떤 재화를 '화폐' 또는 '통화'라고 부를 때 그 재화는 3가지 기능을 갖추고 있다. 첫째, 공통 단위로서 상품의 가치를 평가하는 '가치 척도'의 기능이다. 둘째, 재화의 교환을 원활하게 처리하는 '교환 수단' 기능이다. 셋째, 안전하고 유동성이 높은 자산의 가치를 유지하는 '가치의 저장' 기능을 들 수 있다. 이 3가지 기능 중 어느 하나가 결여되어도 화폐 혹은 통화라고 부를 수 없으며, 각 기능은 상호 보완적이다.

① 가치 척도란, 일상생활에서 사거나 파는 물건이나 서비스에는 모두 가격이 붙어 있는데, 돈의 단위가 척도가 되어 물건이나 서비

스의 가치를 나타내는 것을 의미한다. 만약 돈이라는 가치 척도가 존재하지 않고 물건이나 서비스에 가격이 붙어 있지 않다고 하면 그 가치를 공통의 척도로 측정할 수 없게 되어 물건이나 서비스의 매매가 곤란해진다.

② 교환 수단이란, 일상생활에서 물건이나 서비스를 매매할 때 그 대가로 돈을 지급하는 것을 의미한다. 만약 돈이라는 지급 수단이 존재하지 않는다면, 물물교환이라는 효율성이 떨어지는 거래 형태를 어쩔 수 없이 할 수밖에 없다. 물물교환은 서로가 필요한 물건이나 서비스가 동시에, 그리고 완전히 일치하지 않으면 성립하지 않는 불편함이 따른다.

③ 가치의 저장 수단이란, 지급 수단으로서의 돈을 즉시 사용하지 않고 미래의 물건이나 서비스를 구매하기 위해 비축해 두는 것을 의미하므로 구매력의 보존 수단이라 할 수 있다. 만약 돈이라는 가치의 보존 수단이 존재하지 않는다면, 물건이나 서비스를 여분으로 구매해 보존할 수밖에 없지만 물건이나 서비스가 보존하기에 적절치 않거나 시간이 지나면서 품질이 악화한다는 단점이 있다.

영어로 돈이나 화폐 모두 'money'라고 하지만 통화는 'currency'라고 한다. 화폐와 통화라는 단어가 별개로 존재하는 이유가 있다고 추측한다. Currency를 《롱맨 영영사전》에서 찾아보면 다음과 같은 해석이 나온다.

1. 한 국가가 사용하는 시스템 또는 돈의 종류;

2. 많은 사람 사이에서 수용되거나 사용되고 있는 상태

통화는 유통화폐의 약자이다. 따라서 화폐의 일종이라는 점은 틀림없지만 특별한 의미가 있다. 경제학에서 가치 척도, 교환 수단, 가치의 저장 수단의 기능을 갖춘 화폐는 현금과 예금을 말하는데, 실제로는 통화가 이 기능들을 수행하는 경우가 많다. 소위 money에 국왕과 국가의 권위를 부여해 그것을 여러 곳에서 '유통'할 수 있게 되면 그것이 currency가 된다. 실제로 사용되고 있기 때문에 신용의 바탕이 되며, 신용하는 사람이 많기 때문에 보다 많은 결제에 사용된다. 실제로 유통된다는 점, 매매에 사용된다는 점이 화폐에 특별하고 현실적인 가치를 부여한다.

최초에 화폐로 사용한 것은 자연계에 있었다. 이를 '자연화폐'라고 한다. 일본과 오스트레일리아 사이에 있는 미크로네시아 연방 Federated States of Micronesia의 서쪽 끝에 위치한 얍Yap섬에서는 직경이 최대 4m나 되는 자동차 바퀴 모양의 고대 돌 화폐인 '페이Fei'가 발견되었다. 움직일 수 없는 거대한 바위다. 한편, 고대 중국에서 사용하던 것은 조개 화폐다. 돈과 관련된 한자에 '貝조개 패'가 붙는 경우가 많은 이유이기도 하다.

이윽고 농업이 번성해 잉여물이 생기게 되자 천, 가축, 곡물 등 가치가 있는 것이 매개 역할을 하게 되었다. '상품화폐'의 탄생이다. 그런데 상품화폐가 자연화폐로부터 진화한 것은 맞지만 운반이 불편하고 나눌 수 없다는 문제가 있었다. 그동안 금, 은, 동 등의 금속이 발

견되면서 이것들의 무게를 재서 화폐로 사용하게 된다. 지금 우리가 사용하는 '금속화폐'의 등장이다.

금속은 소지가 간편하고 내구성도 뛰어났지만 사용할 때마다 무게를 재는 일이 번거롭다는 문제가 있었다. 따라서 금속을 가공하는 신기술로 만들게 된 것이 '주조화폐'이다. 금은 광택이 있고 부식에 강하며 전성展性, 얇게 늘어나는 성질이 커서 나눌 수 있기 때문에 무엇과도 교환할 수 있어 주조화폐로 사용되어 왔다. 기원전 670년 무렵에 리디아Lydia에서 세계에서 가장 오래된 동전인 일렉트럼Electrum 금화가 발행됐다. 일렉트럼 금화는 금73%과 은27%의 합금으로 이뤄졌다. 영국 대영박물관에 가면 통화 코너에 이 일렉트럼 금화가 전시돼 있다. 이 무렵부터 통화의 역사가 시작되었다는 얘기다. 단 이것도 무겁고 부피가 컸다.

얍(Yap)섬에서 발견된 고대 돌 화폐 '페이(Fei)'
출처: medium

세계에서 가장 오래된 동전인 일렉트럼 (Electrum) 금화
출처: numisbids

그리고 드디어 '종이 화폐'가 등장하게 된다. 지폐는 가볍고 소지가 간편하다. 지폐를 만드는 데 필요한 것이 종이 기술과 인쇄 기술이다. 중국의 3대 발명 중 하나인 인쇄 기술은 지폐 발행에 사용됐다. 세계

에서 가장 오래된 지폐는 중국 송나라 시대에 등장한 '교자交子, Jiaozi'로 1020년 무렵에 발행하기 시작했다.

초기의 화폐는 일정량의 금과 교환을 보증하는 지폐인 '태환화폐'였으나 그후 태환이 불필요한 '불환화폐'가 등장한다. 이를 '신용화폐'라고도 한다. 오래전 금화나 은화를 사용하던 시대에는 설령 지급 수단으로 사용할 수 없더라도 금이나 은으로서의 독자적인 가치가 그 중량만큼 존재하므로 화폐로서의 신용을 얻어 사용되던 측면이 있었을 것이다. 이렇게 금화를 다양한 상품의 가치를 표현하는 기준으로 사용하는 것을 금본위제라고 한다.

현재의 화폐는 정부가 통제하고 있기 때문에 금으로 교환할 수는 없지만 신뢰할 수 있다는 만인의 믿음 속에 사용한다. 불환화폐가 사용되지만, 그 신뢰성의 근거는 매일 통화로 사용되기 때문에 내일도 사용할 수 있다는 심리적 관성의 법칙과 같은 공통된 믿음일지도 모른다. 오늘날 우리가 사용하는 지폐의 제조 원가는 5만 원권은 약 200원, 1만 원권과 5천 원권은 150원, 1천 원권은 100원을 밑도는 것으로 알려졌다. 지폐의 액면가가 생산 원가를 훨씬 넘지만 훌륭하게 돈의 역할을 다하고 있다. 5만 원권이 5만 원짜리의 가치를 갖는 것은 사회적인 합의로 성립되는 일로 지폐 그 자체에는 가치가 없다. 발행된 통화량의 가치를 보장할 수 있을 만큼 담보가 되는 자산이 없다. 현재 법정화폐를 발행하는 중앙은행에 가장 큰 담보는 '통화를 발행할 수 있는 권리'에 지나지 않는 것 아닐까? 화폐의 3대 기능은 본질적으로는 국가가 보증하고 해당 국가 내에서 사용하도록 강제하는 데이터의 거래에 지나지 않는다. 어떤 것이 화폐로 사용된다는 사실 자체에 가장 큰 가치가 있겠으나 실제로 그 내용을 들여다보면 데이터의 교환에 지나지 않는다. 그리고 전 세계 거의 모든 사람이 공통으로 그 데이터의 가치를 절대적으로 신뢰하는 것, 그것이 돈의 진정한 본질이다.

2008년에 나카모토 사토시Nakamoto Satoshi라는 사람이 인터넷에서 발표한 논문[1]이 계기가 되어 2009년 1월에 최초의 비트코인이 만들어졌다. 사토시는 국가가 갖는 높은 권력 독점에서 통화를 해방해 독립적인 세계 통화를 구상했다고 말한다. 코인이라고 해도 실체가 없고 인터넷을 통해 가치가 부여되며 고도의 암호 기술인 블록체인으로 복제나 이중 사용을 방지하는 시스템을 갖춘 암호화폐이다. 비트코인은 위조할 수 없고 전 세계로 송금할 수 있는 '꿈의 화폐'로 세간에서 화제가 되어 미래의 통화가 되리라는 기대감이 있었다. 그러나 실제로는 많은 문제점을 안고 있었다. 당초에 '가상통화'라는 명칭으로 유통된 비트코인을 비롯한 암호화폐는 고위험 고수익의 투기 상품으로 시장을 교란하는 주범이 되면서 급격한 하락을 겪게 된다. 가격 급등을 기대하고 사는 사람이 대부분이다 보니 나중에는 암호화폐에서 암호자산으로 불리며 통화가 아니라 자산의 취급을 받게 됐다.

그러나 비트코인은 통화가 될 수 없는 문제점을 안고 있었다. 거래소에서 대량 유출되는 사고가 일어나 안전성에 대한 우려가 생기고, 높은 익명성이 있다 보니 범죄나 자금 세탁에 이용되는 점, 금액의 변동이 심해 지급결제 수단이 될 수 없는 점, 채굴마이닝, mining에 대량의 전력이

---

1) https://bitcoin.org/bitcoin.pdf

소비되는 점 등을 들 수 있다. 비트코인의 블록체인 기술을 활용해 각 나라의 중앙은행이 발행하려고 하는 것이 디지털화폐인 CBDC Central Bank Digital Currency다. 지폐가 디지털 버전이 되는 것이다. 그렇다면 중앙은행은 왜 디지털화폐를 발행하려는 걸까? 다양한 거래가 디지털화되면서 법정통화의 디지털화에 대한 니즈가 높아진 점, 기술의 진척으로 위조와 이중 사용을 방지할 수 있게 된 점을 들 수 있다.

지금까지 돈이 자연물에서 금속, 지폐로 변화해 왔듯이 다음은 디지털 데이터가 돈의 기능을 하게 된다고 할 수 있다. CBDC는 전자화폐나 QR코드 결제처럼 새로운 형태의 비대면 결제 수단이라는 점, 그리고 돈의 새로운 형태라는 점이 특징이다.

화폐는 지리적으로 멀리 떨어진 지점 간에 상업 및 무역을 가능케 함으로써 인간 사회를 일변시켰다. 또한, 화폐로 말미암아 시공을 넘어선 부와 자원의 이전도 가능해졌다. 그러나 인류 역사의 대부분을 통해 화폐는 욕심과 약탈의 대상이 되기도 했다. 그리고 현재 화폐는 은행 업무와 금융, 나아가 사회 구조의 방식도 바꿀 수 있는 큰 변화를 맞이하고 있다. 가장 주목할 만한 변화는 현금이 저·중소득 국가에서도 자취를 감추는 대신 디지털화폐의 시대가 막을 올렸다는 점이다.

화폐는 그때마다 이용할 수 있는 소재와 최첨단 기술로 만들어졌다. 최첨단 기술을 사용한다는 것은 위조를 방지하기 위해서이다. 현대의 최신 기술은 디지털 기술이고, 중앙은행이 블록체인 기술을 활용해 디지털화폐를 발행하려는 것은 역사적인 필연으로 해석할 수 있다. 또한, 국내·국제 양쪽 영역에서 통화 발행 주체 간에 새로운 경쟁이 시작되었다. 이러한 변화의 원동력이 되는 디지털 기술의 보급으로 기본적인 금융 서비스에 대한 접근성이 확대되고 금융 혁신이 촉진되고 있다.

인류는 중국 송나라의 교자交子로부터 1,000년이나 걸쳐 종이돈을 계속 사용해 왔다. 즉 화폐의 전환은 오랜 역사 중에서도 그렇게 자주 일어나는 일은 아니다. 1,000년에 한 번 있을까 말까 하는 화폐의 전환, 디지털화폐의 탄생이라는 역사적 순간을 목격하게 되는지도 모른다.

욕망의 이중적 일치 문제를 해결하라

화폐의 기원을 둘러싸고 경제학, 사회학, 역사학, 인류학 등 여러 분야에서 흥미롭고도 끊임없는 논쟁이 벌어지곤 한다. 오늘날에도 어떤 가설이 가장 설득력 있고 중요한지 결론이 나지 않았다. 현대에 '화폐'는 현금을 비롯해 신용카드, 직불카드, 선불충전카드, 교통카드, ○○페이, 암호화폐 등 다양한 형태로 존재한다. 애초에 화폐는 언제, 어디서, 어떻게 생겨났을까?

기원전 4세기에 고대 그리스의 철학자 아리스토텔레스 Aristoteles 는 화폐가 공동체 사회를 구성하는 사람들 간의 규약 또는 사회적 합의에 따라 인위적으로 창조되었다는 사회계약설을 주장했다. 시대가 흘러 18세기 초반에는 존 로 John Law가 물물교환에 수반되는 어려움을 해결하기 위해 사회 구성원 누구한테나 수용되는 교환 수단, 즉 일반적인 수용성general acceptability을 가진 사물이 화폐로서 자연 발생적으로 생겨났다는 학설을 제기한다. 이 견해는 아리스토텔레스의 인위적인 화폐 창조설과는 정반대되는 주장이다. 그는 금과 은처럼 소재 자체가 가치를 지닌 금속화폐일 필요는 없고, 교환 수단으로 기능하는 것이라면 무엇이든 화폐라고 주장했다.

> 바다에서 물고기를 잡아 살아가는 사람이 고기를 먹고 싶을 때면 산에서 짐승을 잡아 생활하는 사람들이 있는 곳으로 찾아가 물고기와 고기를 교환했을 것이다. 이러한 물물교환 방식으로 원시 시대 사람들은 수요와 공급을 맞추고 있었다.

화폐가 존재하지 않던 원시 시대의 생활상을 묘사한 위 이야기는 경제 교과서에도 실려 있는 유명한 물물교환 사회에 근거한 사고방식이다. 화폐가 없던 시절 서로 얼굴을 모르는 상태에서 교환하는 물건의 종류가 몇 가지밖에 없었던 작은 사회라면 물물교환이 제대로 기능했을 법하다. 그런데 원시 사회의 물물교환에는 결정적인 약점이 있다. 고기를 원하는 사람이 '방금 잡은 물고기를 고기와 맞바꿔야지'라는 생각에 고기를 가진 사람과 협상을 시도한들 마침 그 타이밍에 상대방이 물고기를 원한다고는 할 수 없다. 이럴 때 물물교환에서는 거래가 성립되지 않는다.

물물교환 경제에서 거래가 이뤄지기 위해서는 자신과 상대방이 서로 교환하고 싶은 재물이 일치해야 한다는 전제가 있는데, 이를 '욕망의 이중적 일치 double coincidence of wants'라고 한다. 경제가 상대적으로 덜 발달한 사회에서는 재화의 범위가 좁기 때문에 교환 상대를 찾아내는 일이 어렵지 않았다. 그러나 시간이 지나면서 사회가 제대로 기능하게 되자 분업이 시작된다. 신발 만들기를 잘하는 사람은 신발을 만들고, 창을 만드는 것을 좋아하는 사람은 창을 만들며, 사냥이 주특기인 사람은 고기를 잡는 식으로 일이 전문화되어 간다. 사회 전체의 생산성이 향상하고 발전해 간 결과, 안면이 있는 사람들끼리만 거래를 주고받기에는 사회 규모가 커진다. 오늘날처럼 재화가 넘쳐나는 복잡한 사회에서는 교환 상대를 찾는 일이란 엄청난 인내가 필요하기 때문에 도중에 지레 포기하게 될 확률이 높다. 따라서 교환 상대를 찾는 데 어려움을 겪고 있던 사람들은 어떠한 것을 교환의 매개_{상품화폐}로 선택하기로 한다.

감자를 가지고 있는 헨리가 신발을 원할 경우에 여분의 신발을 들고 있는 조슈아가 마침 감자를 원한다면 물물교환이 성립되어 두 사람 모두 만족스러운 거래가 이뤄진다. 그러나 만일 헨리가 가진 것이 장작이고 조슈아는 장작이 필요하지 않은 상황이라면 다각적인 교환을 성립시키기 위해 헨리와 조슈아가 제3의 누군가를 찾아 개입시키지 않는 이상 물물교환은 대단히 어려워진다. 화폐는 이럴 때 다각적인 교환을 간단히 처리하는 방편을 제공하는 수단이다. 화폐가 존재한다면 헨리는 장작을 다른 누군가한테 팔아 벌어들인 화폐로 신발을 살 수 있으므로 물물교환이 용이해진다. 화폐의 교환 수단의 기능은 사람들이 거래 상대방을 찾는 비용을 대폭으로 낮춰 주는 역할을 한다.

'욕망의 이중적 일치' 문제 출처: headboost

교환이라는 관점에서 인간의 역사를 되돌아보면 크게 세 가지로 구분할 수 있다. (1) 교환 자체가 존재하지 않는 자급 자족 경제, (2) 물건과 물건을 직접 교환하는 물물교환 경제, (3) 화폐가 매개체가 되어 간접적으로 교환하는 간접 교환경제화폐경제다. (2) 물물교환은 어떤 상품W과 다른 상품W' 간에 직접 교환direct exchange이 일어나는 것을 말하며 (3) 간접 교환indirect exchange은 어떤 상품W이 처음에 화폐G와 교환되고 그다음에 화폐가 다른 상품 W'과 교환되는, 즉 W-G-W'로 표현되는 형태다. 간접 교환이 가능해지려면 교환하려는 사람들 사이에서 누구나 주고받는 것에 거부감이 없는, 모든 재화 중에서 가장 수용하기 쉬운 특정한 매개체가 필요하다. 이러한 대중적인 수용성을 가진 재화가 일반적인 교환 수단, 즉 화폐로 사용된다.

아프리카 에티오피아에서는 중요한 자산으로 여기던 살아있는 양을 화폐로 이용해 거래가 일어나고 있었으며, 캐나다의 뉴펀들랜드Newfoundland섬에서는 말린 대구를 소액 화폐로 사용했다. 일본에서도 본격적으로 화폐가 유통되기 시작한 11세기 말까지는 쌀과 옷감으로 거래가 이뤄졌다. 이러한 화폐를 '상품화폐'라고 한다. 소금도 상품화폐의 역할을 했다. 로마 시대에는 병사에게 소금Sal, 샐러리맨의 어원을 급여로 지급했다. 그러나 가축은 언젠가는 죽기 마련이고 건어물이나 쌀, 옷감도 시간이 지나면 부패하거나 닳아 없어진다. 애덤 스미스Adam Smith에 따르면, 상품화폐의 한계를 깨달은 인류는 금, 은, 구리 등 변질되기 어려운 광물을 화폐로 사용하기 시작했다. 얼핏 들으면 모순되지 않고 나름대로 설득력 있는 주장인지라 전 세계의 학자들은 이에 의문을 제기하지 않았다.

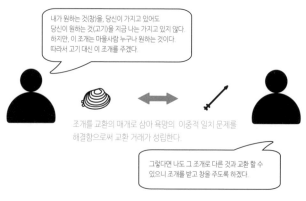

마을 사람 모두가 원하는 것을 교환의 매개(상품화폐)로 사용한다.

내가 원하는 것(창)을, 당신이 가지고 있어도
당신이 원하는 것(고기)을 지금 나는 가지고 있지 않다.
하지만, 이 조개는 마을사람 누구나 원하는 것이다.
따라서 고기 대신 이 조개를 주겠다.

조개를 교환의 매개로 삼아 욕망의 이중적 일치 문제를
해결함으로써 교환 거래가 성립한다.

그렇다면 나도 그 조개로 다른 것과 교환 할 수
있으니 조개를 받고 창을 주도록 하겠다.

상품화폐의 탄생 출처: headboost

그런데 최근의 화폐사 연구에 따르면, 물물교환으로 시작한 교역
에서 처음으로 등장한 결제 수단은 상품화폐가 아니라 환전상 등에
의한 신용 거래임이 밝혀졌다. 소위 장부에 외상을 달아 놓는 거래가
먼저 등장하고, 나중에 거래의 차액을 정산하는 데 상품화폐가 쓰이
게 되었다는 것이다. 그것이 고대 이집트, 메소포타미아의 유적에 기
록되어 있다는 사실이 놀랍기도 하지만 한편으로는 납득이 간다. 상
품화폐와 달리 장부에 적어 놓는 기록은 물리적으로 마모되기 쉽고
발굴이 어렵기 때문에 최근까지 그 존재가 알려지지 않았을 법하다.
별로 새로운 것도 없는 사실이다. 오늘날 신용카드로 결제하고 나중
에 지정된 날짜에 예금계좌에서 돈이 빠져나가는 것과 같은 이치이
지 않은가?

돈의 기원이 물물교환이라고 아직도 믿습니까?

애덤 스미스의 《국부론Wealth of Nations 》, 칼 마르크스Karl Heinrich Marx의 《자본론Das Kapital 》, 칼 멩거Karl Menger의 《국민경제학의 기본 원리Principles of Economics 》, 폴 새뮤얼슨Paul Samuelson의 《경제학Economics 》 등에서도 존 로와 같은 물물교환설이 등장한다. 물물교환설은 화폐의 기원을 해명하는 유력한 가설로 많은 연구자가 지지해 왔지만 시대가 흐르면서 그 타당성이 부인되기 시작한다. 인류학자나 민족학자, 고고학자 등은 많은 역사적·실증적인 증거를 내세워 물물교환 자체가 존재하지 않았다고 주장한다.

당초에 물물교환 사회라는 이론은 18세기 영국의 철학자인 애덤 스미스가 《국부론》에서 소개해 전 세계로 퍼져나갔다. 《국부론》은 1776년 영국에서 출판된 도서로 현재 모든 경제학의 원전으로 일컫는다. 현재의 경제학은 애덤 스미스가 없었더라면 이 정도로까지 발전하지 못했을 것이다. 그 위대한 애덤 스미스가 주장한 물물교환 사회 이론에 대해 의문을 제기하는 이는 그 누구도 없었다. 특히 경제학 세계에서는 그러한 경향이 현저했다. 애덤 스미스는 물물교환 사회의 마지막 단계에서 화폐가 생겨났다고 생각했다. 당연히 《국부론》에서 발전해 간 경제학 세계에서도 이 이론을 전적으로 받아들였다. 바꿔 말하면 애덤 스미스의 이론을 부정하면 경제학 학문의 주춧돌이 무너질 위험조차 있었다.

현재 많은 학자는 다음과 같이 생각한다. '물물교환 방식이 있었을지는 모르지만 물물교환을 전제로 한 경제 활동 사회는 환상에 불과하다'라고. 이와 같은 결론에 이르게 된 이유는 아주 간단하다. 지금 이만큼이나 교통편이 발달하고 전 세계의 유적이나 역사적 자료를 조사할 수 있는 환경이 갖춰졌음에도 그러한 생활 방식을 뒷받침할 만한 증거가 발견되지 않았기 때문이다. 미국의 인류학자인 데이비드 그레이버 David Graeber는 다음과 같이 말한다.

> "수 세기에 걸쳐 연구자들은 물물교환이 일어났던 동화의 나라를 찾으려고 노력해 왔지만, 성공한 사람이 단 한 명도 없었다. 물물교환 사회가 존재했다는 증거는 하나도 없었으며 오히려 그런 일물물교환이 일어나지 않았음을 시사하는 증거가 셀 수 없이 많았다."

정통파 경제학의 통설을 뒤집은 움직일 수 없는 돈 '페이'

19세기 말 전 세계에 알려진 거대한 돌로 만든 가공품의 존재는 애덤 스미스가 주장해 온 원시 사회의 물물교환 경제 이론에 큰 파문을 일으켰다. 일본과 오스트레일리아 사이에 있는 미크로네시아 연방의 서쪽 끝에 얍Yap섬이 자리한다. 얍섬은 19세기에도 이웃 섬들과 교류가 거의 없었으며, 섬 주민들은 지극히 원시적인 사회에서 생활하고 있었다. 이런 이유로 원시 인류 사회를 관찰할 수 있는 표본이 될 수 있다고 생각한 서양인들은 조사에 착수하기 위해 현지를 방문했다. 그들의 눈에 띈 것은 너무 거대해서 도저히 옮길 수 없을 법한 자동차 바퀴 모양의 돌로 만든 화폐 '페이'였다. 직경이 약 30cm에서 거의 4m에 이르는 것까지 있으며, 큰 물체는 무게가 1톤이 넘는다. 모든 페이가 먼 섬에서 운반해 온 것이었다. 그러나 이 화폐는 너무 무겁고 커서 일반적인 화폐처럼 휴대할 수가 없다. 따라서 거래가 이뤄져도 다른 곳으로 옮겨 놓는다거나 상대측한테 양도하는 일이란 불가능했다.

페이는 섬 안에서 이뤄지는 토지 거래나 상대측한테 성의를 보여야만 하는 결혼 지참금처럼 고액의 대금 지급에 사용했다. 페이의 소유자는 자신이 소유한 페이의 소유권을 상대에게 양도한다고 선언한다. 양도받은 사람은 페이를 양도받았다는 사실을 기억하고 자녀와 손주들에게 물려준다. 거래 성사에 필요한 것은 이게 전부다. 전해 내려오는 바에 따르면 페이의 가치는 크기로 정해졌다. 운송이 얼마나 어려웠는지를 주변에 인식시키는 것만으로도 페이의 가치는 극적으로 상승했다. 일부러 섬 바깥의 돌로 만든 이유도 이야기에 웅장한 서사를 연출하기 위함이었다.

경제 규모가 지극히 작은 원시 사회에서조차 화폐와 같은 기능을 하는 물건이 존재했던 것이다. 더욱이 화폐의 가치가 소재_{예, 금, 은, 포목, 소}의 가치가 아니라 소설과 같은 이야기로 만들어지고 있었으며 거래가 이뤄졌다는 증거로 실제로 화폐를 건넬 필요가 없었다는 상황은 애덤 스미스의 이론으로는 도저히 설명할 수 없었다. 이러한 일련의 사태를 맞닥뜨리자 경제학자들은 머리를 싸매고 고민에 빠진다. 또다시 '화폐란 무엇인가?', '화폐는 어떻게 생겨났는가?'라는 의문을 제기하며 논쟁이 불붙기 시작한다.

애니메이션에서는 원시인이 엄청나게 큰 돌을 굴려 사용하는 모습으로 그려지기도 하며 때로는 무지막지한 무게에 진저리를 치는 식으로 묘사해 '원시인은 참으로 멍청했구나' 하는 놀림거리가 되기도 한다. 당연히 얍섬의 주민들은 멍청하지 않았다. 그들은 실제로 페이를 교환하지는 않았다. '우리 집이 가지고 있는 페이 1개에 해당하는 금액만큼 A한테는 밭을 사들였고, B한테는 배를 팔았다. 따라서 B가 A한테 지급하도록 하면 된다.' 이러한 식으로 삼자 간의 외상 관계를 상쇄시켜 페이가 오가지 않아도 계산이 끝나게 된다. 섬의 모든 주민이 이러한 계산을 능숙하게 처리해 누구도 페이를 교환하지 않더라도 필요한 것들을 사들이는 데 불편함이 없었다. 그렇기 때문에 그 누구도 본 적은 없고, 바닷속에 잠겨 있다고만 전해지는 페이도 여전히 쓸 수 있는 것이었다.

그 당시 얍섬에서 가장 부유한 집에는 페이가 없었다고 한다. 그렇지만 그 집은 섬에서 가장 거대한 페이를 소유하고 있다고 전해졌다. 조사해 본 결과, 그 집안이 소유한 페이는 삼대 전의 선조가 만든 것으로, 매우 거대했지만 운반 중 폭풍우에 휩쓸려 바닷속으로 가라앉았다는 사실이 밝혀졌다. 당연히 마을 주민 중에는 그 누구도 그 페이를 본 적이 없었다. 그러나 마을 사람 모두가 이 페이의 존재에 대한 이야기를 듣고 믿었다는 그 사실만으로 그 집은 섬에서 가장 부유한 집안으로 전해져 내려오고 있었다. 따라서 인간의 기억이 장부의 역할을 하는 셈이었다. 인간 사이에서 이뤄진 교환을 서로 감시해 신용이 쌓여 가는, 일종의 권위와 믿음이 얍섬에는 존재했다.

이러한 사례는 전 세계 어디서나 찾아볼 수 있다. 물물교환은 당장 그 자리에서 교환하는 것을 전제로 삼았지만, 실제로 인류는 '언젠가는 갚는다'라는 신용으로 교환하는 사례가 압도적으로 많았을 것이다. 우선은 신용이 존재하고 그것을 계산하기 쉽도록 하기 위해 화폐라는 통일 기준이 만들어졌던 것이다. 따라서 화폐는 상품 가치가 전혀 없는 것이라도 상관없다.

아무도 본 적이 없는 것을 거래에 사용한다는 것 자체가 믿기지 않을 수도 있지만, 실제로 오늘날 우리 주변에서는 이와 비슷한 현상이 벌어지고 있다. 바로 은행에 맡기는 예금이다. 은행이 자금을 조달하는 자본의 원천은 우리가 예치하는 예금이다. 은행은 예금을 받아 이자를 주는 대신에 그 돈을 다른 사람에게 빌려주고 이자를 받는 방식으로 운영된다. 예를 들어, A가 예치한 1,000만 원이 고스란히 B한테 대출의 형태로 건네질지도 모른다. 여러분은 자신의 예금이 은행 금고 안에 현금 뭉치로 쌓여 있는 현장을 본 적이 있는가? 본 적이 없다면 은행 어딘가에 그 돈이 고이 보관돼 있다고 생각하는가? 우리들은 '은행이라면 반드시 돈을 돌려준다'라는 근거 없는 예측과 '통장이라는 기록'에 근거하여 은행에 돈을 입금하고 나면 눈으로 확인하지 않더라도 은행이 그 돈을 잘 보관하고 있을 것이라고 믿는다. 그렇다면 바닷속에 가라앉아 있는 페이와 다를 바가 없지 않은가?

애덤 스미스의 이론에 따르면, 원시 사회는 경제 규모의 확대에 직면한 시점이 되어서야 비로소 화폐를 만들어 내게 된다. 그렇지만 최소한으로 필요한 경제 규모만 갖추었던 얍섬에는 실제로 화폐가 존재했으며, 게다가 현대인이 은행에서 처리하는 신용 거래와 비슷한 일이 벌어지고 있었던 것이다.

물물교환에 대한 인류학자들의 반란: 롱하우스

같은 시대 또 다른 지역에서 일어난 이야기를 해 보자. 19세기 말 북아메리카의 인디언 원주민 중에 다섯 부족으로 이루어진 이로쿼이Iroquois라는 인디언 연방이 있었다. 이 연방은 여러 부족이 모여 사는데도 분쟁이나 다툼이 거의 없었다. 이로쿼이 연합체의 경제 활동에 관해 인류학자인 루이스 헨리 모건Lewis Henry Morgan이 논문을 발표했다. 이로쿼이 연방 사회에는 화폐가 존재하지 않았다. 그 대신 롱하우스longhouse 경제라고 부르는 경제 활동이 이뤄지고 있었다.

그 부족들은 여러 가족이 롱하우스라고 부르는 거대한 집에서 공동생활을 하고 있었다. 이 롱하우스 커뮤니티에는 소유 개념이 없고 롱하우스에 사는 가족 간에 식량, 도구, 의복 등 모든 재산을 공유하고 있었다. 필요한 것은 여성들 간의 합의에 따라 나눠 가지면서 생활하고 있었다.

그러나 때로는 분배받은 물건만으로는 충분치 않은 경우가 있었다. 그러한 때를 대비해 롱하우스에는 차용이라는 개념도 있었다. 예를 들어, 어떤 가족의 자녀가 병에 걸려 같은 집에 사는 다른 가족한테서 약을 빌리는 일이 생긴다. 즉 채무가 발생하게 된다. 사회 규모가 작다 보니 이 기록은 당사자와 함께 사는 다른 가족들한테도 알려지게 된다. 채무를 변제하지 않으면 롱하우스 안에서 신뢰를 잃게 되므로 약을 빌린 가족은 빚을 갚으려고 한다. 단, 단순히 같은 약으로 갚는 것만으로는 약을 빌린 것에 대한 변제가 아니다. '어려운 시기에 약을 건네줘서 감사하다'라는 마음을 담아 약간의 정성을 사례로 붙여 갚음으로써 공동체 속에서 채무자라는 입장에서 벗어날 수 있었다. 현대적 용어로 표현하자면 '이자'를 지급하고 있었던 셈이다. 이러한 부채와 상환의 반복에 따라 롱하우스의 경제는 제대로 작동해 서서히 확대되기 시작했다. 롱하우스에 사는 가족은 많아야 대여섯 가구 정도였기 때문에 굳이 문자로 기록하지 않더라도 부채와 이자에 대한 근거가 입을 통해 전해질 수 있었다.

이로쿼이의 롱하우스 출처: alamy

물물교환 이론을 믿었던 연구자들은 물물교환이 존재하는 지역을 찾기 위해 열심히 노력했다고 한다. 그러나 애덤 스미스가 물물교환 경제의 무대로 삼았던 북미 원주민들 사이에서조차도 실제로 물물교환 경제 공동체가 존재했다는 사실을 입증하는 증거는 하나도 없었던 듯하다. 역사에서 실제로 볼 수 있는 소규모 공동체의 원시적 경제는 롱하우스와 같은 경제, 즉 공유경제이다.

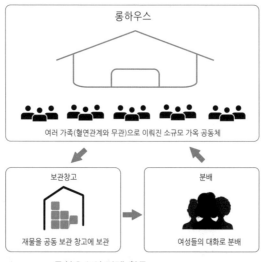

롱하우스의 경제 활동 출처: headboost

경제학에서는 마을처럼 아직 사회가 작고 사람들이 서로를 알고 있으며 분업이 일어나지 않았던 때부터 개개인이 물물교환하고 있었다고 상상한다. 그러나 롱하우스 경제를 살펴보면 그러한 경제학적 이해는 부자연스러운 부분이 많다. 물물교환 이론에서는 '자신이 원하는 것을 상대방이 가지고 있으며, 상대방이 원하는 것을 자신도 가지고 있지 않으면 거래는 성립하지 않는다'라는 욕망의 이중 일치 문제가 있다. 그러나 사회의 모든 인원이 서로를 알고 있는 경우에는 욕망이 일치하지 않더라도 거래는 성립한다.

예를 들어, A의 창이 부러졌다고 가정하자. A는 당장 교환할 것이 없다. 그러면 A는 사냥할 수 없어 음식도 구할 수 없고 따라서 아무것도 교환할 수 없기 때문에 굶어 죽을 수밖에 없다. 인간이 사회적 동물이라는 점을 고려하면 같은 공동체에 살고 있는 인간한테 이처럼 가혹한 일이 일어날 가능성은 거의 없다. A한테 지금 욕망의 이중의 일치를 충족시킬 교환물이 아무것도 없다고 해도 A한테 창을 빌려줄 B가 있을 것이다. 그리고 마을 사람들은 서로를 알고 있기 때문에 B가 A에게 창을 주었다는 사실을 누구나 알게 된다. A는 B에 대해 누구나 알고 있는 채무가 생긴다. 한편, B는 A한테 채권이 생긴다. 빚이 있는데도 갚지 않으면 마을 사람들의 신뢰를 잃게 된다. 따라서 A는 먹이를 잡는 즉시 B한테 창을 빌려준 것에 대한 고마움을 표현해 가까운 시일 내에 부채를 청산하려고 할 것이다. 이러한 채권·채무가 신용경제의 근간이기도 하다.

이렇게 생각해 보면 애초에 물물교환의 형태를 띤 경제 자체가 존재했다는 것을 보여 주는 증거가 없는 것은 당연하다. 원시경제는 공동체 속에서 개개인의 신뢰를 기반으로 삼으며 물물교환에 연연할 필요가 없기 때문이다. 우리들은 이로쿼이보다 훨씬 큰 경제 사회에 살고 있기 때문에 모든 거래를 일일이 기억할 수는 없다. 따라서 가계부를 작성하고 은행에 가서 통장 정리를 하며 지갑 속에 있는 돈의 증감을 확인하면서 자신이 얼마나 지출했는지를 파악한다.

얍섬과 이로쿼이 부족 사례에서 현대 학자들이 내린 결론은 다음과 같다. '화폐는 애덤 스미스가 말한, 거래 매개의 필요에 따라 만든 부식하기 어려운 것을 가리키는 것은 아니다. 신뢰로 뒷받침된 거래 활동의 존재를 기록으로 남길 수 있는 지급 시스템, 그 자체가 화폐다.'라고. 차용과 이자의 기록이나 기억만 제대로 갖춰 놓으면 굳이 물리적인 화폐가 존재하지 않더라도 상거래가 성립하는 사회의 사례가 조사를 통해 잇따라 밝혀졌다. 이렇게 해서 물물교환 사회는 부정되기에 이르렀다. 그러나 앞에서 언급했듯이 경제학 세계에서 물물교환 사회 이론은 20세기 내내 살아 남아 있었다.

이네스: 화폐경제에 선행했던 것은 물물교환 경제가 아니라 신용경제

전통적인 견해를 부정하고 '신용'이야말로 화폐에 우선하는 역사적 발전의 기원이라고 처음으로 강조한 이가 영국의 알프레드 미첼 이네스 Alfred Michell Innes, 1864~1954이다. 경제학자 대부분은 이네스가 어떤 인물이며 어떤 업적을 남겼는지는커녕 이름조차 모르는 경우가 많다.

이네스는 '신용'이야말로 화폐에 앞서는 역사적 발전의 기원이라고 강조한다. 이네스는 1913년 〈화폐란 무엇인가What is Money? 〉라는 논문과 1914년 〈화폐의 신용 이론The Credit Theory of Money 〉이라는 두 편의 논문을 통해 경제학의 창조 신화를 파괴했다는 의미에서 큰 족적을 남겼다. 불과 이 두 편의 논문을 통해 화폐보다도 신용이 중요하며, 신용은 화폐에 우선한다고 설득력 있게 주장한다. 또한, 애덤 스미스의 《국부론》의 오류를 통렬히 비판한다. 이네스라는 무명의 연구자가 경제학의 아버지로 일컬어지는 애덤 스미스의 아성에 전면적인 도전장을 낸 사실은 인상적이다.

> 나는 신용, 신용만이 화폐credit and credit alone is money임을 보여 주고 싶다. (… 중략 …)

신용이 현금보다 훨씬 오래되었다credit is far older than cash는 것은 의심할 여지가 없다. (… 중략 …)

화폐는 신용이며, 신용 이외의 것은 아무것도 아니다money is credit and nothing but credit.

이네스의 논문이 주목받게 된 계기가 된 것은 당시 《이코노믹 저널Economic Journal》의 편집위원을 담당하고 있던 케인스Keynes의 공이 크다. 이네스의 논문은 그 후 케인스의 저작에도 영향을 미친 듯이 보인다. 이네스의 논문에 대해 케인스는 2페이지 정도의 서평을 남긴다. 이 서평의 실질적인 내용은 이네스라는 듣지도 보지도 못한 무명의 연구자와 애덤 스미스 및 케인스라는 경제학의 거성 간에 서평을 무대로 하는 '대결' 구도에 있다. 비록 이네스는 63세의 생애 중에서 불과 2편의 경제학 논문밖에 남기지 못했지만, 경제학의 새로운 지평을 열었다고 일컬어진다.

애덤 스미스는 《국부론》에서 말린 대구, 못, 담배가 상품화폐로 사용되었다고 주장한다. 과연 그 견해가 맞는 것일까? 뉴펀들랜드섬에서 화폐로 사용했다는 말린 대구의 사례와 관련해 영국의 외교관이었던 이네스는 다음과 같이 적는다.

뉴펀들랜드섬에서 조업이 시작됐던 초기에는 유럽에서 건너와 정착한 주민은 없었다. 어부들은 어획 시즌에만 그곳에 갔다. 어부 외의 사람들이라고 하면 말린 대구를 사 놓고 어부들에게 생필품을 파는 상인들이었다. 어부들은 수확물을 파운드, 실링, 펜스 등의 단위로 측정한 시장 가격으로 상인들에게 팔고 그 대가를 장부에 미수금채권으로 기재하도록 한 후 필수품을 구매하는 데 썼다. 상인들이 차액을 부담해야 할 경우 영국이나 프랑스에서 환어음으로 지급했다.

이네스의 주장은 다음과 같다.

우선 생선 포획 시즌이 되면 어부들은 뉴펀들랜드로 가서 낚시하고 물고기를 말려 대구를 만든다. 이 시기에는 상인들이 말린 대구를 비축해 놓기 위해 많이 찾아온다. 당연히 어부들은 상인들에게 말린 대구를 판매한다. 말린 대구는 파운드 또는 실링 등의 시장 가격으로 거래된다. (본문에서는 말린 대구 1마리의 가격을 1파운드로 하자.)

뉴펀들랜드섬의 어부와 상인들은 장부에 파운드로 외상 거래 명세를 기록한다. 예를 들어, 어부가 말린 대구 10마리를 팔면 '외상 매출금 10파운드'라고 적는다. 한편, 상인은 말린 대구 10마리를 얻고 장부에 '외상값 10파운드'라고 기록한다.

다음 그림을 보면 상황을 떠올리기 쉽다.

어부와 상인이 신용(채권채무)으로 말린 대구를 거래

어부

상인

어부가 상인에게 말린 대구를 10마리 판다
(말린 대구 1마리를 1파운드로 계산)

이 거래에서는 현금이 오고 가지는 않고 서로 장부에 채권과 채무를 기입한다.

어부의 장부		상인의 장부	
빌려줌	빌림	빌려줌	빌림
외상매출금 10파운드	순자산 10파운드	말린 대구 10마리	외상값 10파운드

어부와 상인이 신용(채권채무)로 말린 대구를 거래 출처: headboost

각 재화의 가격은 파운드와 실링으로 명확하게 결정된다. 상품의 시장 가격이 화폐와 연계되어 명확히 결정되므로 물물교환처럼 자신의 물건이 좋게 보이도록 포장해서 상대방보다 유리한 위치에서 거래하려는 행위는 불가능하다. 어부들이 상인들로부터 생필품을 살 때는 반대가 된다. 예를 들어, 상인으로부터 3파운드짜리 와인 한 병을 구매한다고 가정해 보자. 이때 어부는 와인 한 병을 받고 장부에 '외상값 3파운드'라고 적는다. 상인은 '외상 매출금 3파운드'라고 적는다. 아래 그림처럼 보인다.

어부는 신용(채권)을 써서 생필품을 구매한다

어부		상인

어부가 상인으로 부터 와인 1병을 산다
(와인을 3파운드로 계산)

이 거래에서는 현금이 오고 가지는 않고 서로 장부에 채권과 채무를 기입한다.

어부의 장부		상인의 장부	
빌려줌	빌림	빌려줌	빌림
와인 1병	외상값 3파운드	외상매출금 3파운드	순자산 3파운드

어부는 신용(채권)을 써서 생필품을 구입 출처: headboost

이 두 개의 거래가 일어난 후에 어부와 상인의 장부는 다음처럼 보인다. '순자산' 칸이 지금 그들이 가진 신용 잔액이다. 어부는 7파운드, 상인은 3파운드만큼 물건을 구매할 수 있다.

거래 후 양측의 채권채무

어부

상인

거래 후 양쪽의 장부는 다음과 같이 된다

어부의 장부		상인의 장부	
빌려줌	빌림	빌려줌	빌림
외상매출금 10파운드	외상값 3파운드	외상매출금 3파운드	외상값 10파운드
와인 1병		말린 대구 10마리	
	순자산 7파운드		순자산 3파운드

거래 후 양쪽의 채권채무 상황 출처: headboost

어부는 더 많은 물고기를 잡아 말린 대구를 더 많이 판매해 장부의 총액신용 총액을 늘릴 수 있다. 상인은 도시로 나가 어부한테서 사들인 말린 대구를 매입 가격보다 높은 가격에 판매하여 이익을 얻어 자신의 장부 총액을 늘릴 수 있다. 이러한 신용 잔액을 상인들은 영국과 프랑스에서 환어음으로 바꾸었다. 거래의 표면만 놓고 보면 와인을 말린 대구와 교환하는 것처럼 보일 경우가 많다. 그렇기 때문에 애덤 스미스는 말린 대구 10마리와 포도주 한 병이 물물교환된다고 생각했다.

그러나 미첼 이네스는 그것이 물물교환이 아니라 장부에 기재한 파운드와 실링을 담보로 빌리고 빌려주는 거래가 일어난다고 밝힌다. 이것은 섬의 경제가 신용을 기반으로 구축되었음을 의미한다. 설령 이것이 물물교환이었다 하더라도 그들이 파운드와 실링을 기반으로 계산하고 있었다는 사실은 그들 간의 거래가 경제학이 상정한 물물교환이 아니라는 점을 의미한다. 왜냐하면 애덤 스미스의 물물교환론을 따르는 경제학에 따르면 물물교환은 동전화폐이 생겨나기 전의 경제라고 가정하기 때문이다. 따라서 뉴펀들랜드\섬에서 설령 물물교환이 일어났다고 하더라도 물물교환에 앞서 화폐가 탄생했다는 얘기가 되므로 논리가 깨지게 된다.

인간적인, 너무나도 인간적인 돈

앞에 언급한 데이비드 그레이버는 《부채 이론The Theory of Debt》(2011)에서 화폐의 역사를 부채라는 관점에서 되돌아보고 현대 화폐론과 애덤 스미스의 '물물교환으로 시작되는 원시경제'를 꿈같은 이야기라고 일갈한다. 기원전 3500년 메소포타미아의 회계 업무 기록을 근거로 탄생한 이론이다.

기록에서 알 수 있는 것은 당시의 대출 계약, 즉 '대출 및 차용'의 속박 관계에 관해서다. 예를 들어, 보리밭에서 일하는 사람에게 고용주는 보리를 수확하면 품삯을 주겠다고 약속한다. 이것은 고용주가 근로자한테 '노동력을 빌리고 있음'을 의미한다. 반대로, 근로자가 고용주한테 '일해서 갚을 테니 보리를 미리 빌려 달라'라고 말하고 빌리는 일도 있었을 것이다. 그러한 빌려주고 빌리는 기록을 잊지 않도록 '차용 증서'를 쓰고 있었다. 그레이버는 이것이 돈의 기원이라고 주장한다.

처음에는 차용 증서가 단순한 나뭇조각이나 무언가에 불과했지만 자주 사용되면서 동료들 간에 혹은 권력자들의 지지를 얻어 '신용'의 증표가 붙게 되었다. '이 차용 증서를 가지고 있으면 반드시 돌려받을 수 있다'는 신용이다. 차용 증서에는 '언제 누구에게 얼마를 빌렸는지' 등의 정보가 기록되어 있었다. 차용 증서로 다른 것을 빌리는 일도 가능해졌다. 예를 들어, A한테 보리 10봉지를 빌려준 B가, C한테서 콩을 빌린다. 그럴 경우 C는 '이 차용 증서가 있으면 보리 10봉지를 틀림없이 얻을 수 있다'라고 믿고 차용 증서와 콩을 맞바꾼다. C가 다른 것을 빌리면 빌려준 상대는 또다시 차용 증서를 받고 거래 정보를 기록한다. 이런 식으로 차용증서의 대차 계약이 차례로 쌓여 사람들의 손에서 손으로 전달돼 가게 되었다. 그레이버의 설에 의하면 이 차용 증서가 돈이 되었다는 것이다.

얼핏 들으면 앞서 말한 물물교환 기원설과 비슷하다. 그러나 사람들 간에 돌고 있는 것은 금속조각이라는 '물건의 대체품'이 아니라 차용 증서다. 차용 증서는 영어로 'IOU'라고 한다. 'I owe you'의 약자다. 중요한 것은 물건이 아니라 '누구한테 무엇을 얼마나 빌렸는지'라고 하는 그 관계성에 있다.

그레이버는 다음과 같이 말한다.

> "물물교환에서 시작해 화폐가 발견되고, 그 후 점차 신용 시스템으로 발전해 간 것이 아니다. 실상은 오히려 그 반대 방향으로 진행되고 있었던 것이다부채 이론."

'신용'은 영어로 'Credit'으로 표기한다. 신용카드로 우선 구매한 후에 청구일에 신용카드 대금을 결제한다. 즉 빌린 돈을 약간의 이자를 붙여 원래 상태로 돌려놓는 것이다. 신용카드는 최근에 발명된 것이라서 어떤 사람들은 돈이 먼저 있고 나중에 신용 시스템이 생겨난 것으로 생각할지도 모른다. 그러나 실제로는 돈보다 신용거래가 먼저 있었고, 돈이 없더라도 사람들은 차용 증서를 사용하여 지급하고 있었던 것이다. 요즘은 비대면 결제 시대로 신용카드 외에도 '○○페이'처럼 현금을 사용하지 않는 지급 방식이 일반화되었다. 그러나 인간은 이미 5,000년 이상 전부터 화폐 이외의 지급 수단을 가지고 있었던 것이다.

실제 경제사회의 진화

실제 경제 사회의 진화 출처: headboost

화폐의 기원이 물물교환이 아니라 빌려주고 빌리는 행위에서 싹텄다는 역사적 사실은 돈의 본질을 보여 준다. 물물교환은 A와 B가 '○○가 필요하다'와 '○○을 원한다'라는 욕구, 즉 '니즈와 원츠needs and wants'에서 시작된다. 양쪽의 욕구가 제대로 일치하면 물물교환이 성립된다. 한편, 빌려주고 빌리는 행위는 다르다. ○○을 빌리고 싶은 A에게 B는 '그렇다면 내가 빌려주지'라고 한다. 무언가 입체해 달라고 구체적으로 부탁하는 상대한테 '지금 융통이 필요하니 내가 도와주겠다'라고 도움의 손길을 내미는 상대가 있기 때문에 IOU가 성립한다. 그것이 개인의 '니즈와 원츠'로 이뤄지는 물물교환과의 큰 차이점이다.

여기서 중요한 것은 IOU의 근저에는 인간 간에 신뢰 관계가 자리한다는 점이다. 영화 등의 엔딩 자막에 영화 제작에 참여한 사람들의 이름을 쓰는 것을 '크레딧한다'라고 표현한다. 'IOU'는 '나는 당신에게 빚지고 있다', 즉 협조해 준 사람들에 대한 감사와 경의를 표현하는 것이다.

경제학자들이 집착하는 물물교환 이론은 대단히 개인 중심적이다, '나는 필요하다', '나는 원한다', 오로지 '나는, 나는…'과 같은 개인적인 욕구를 충족하고 나면 뒤도 돌아보지 않고 상대와의 관계는 끝난다. 한편, 대출이나 차입은 상대방과의 관계가 있어야만 성립한다. 무언가를 빌려주거나 빌리고 나면 '자, 이제 끝'이 아니라 오히려 'IOU'라는 인간관계가 시작되어 완전히 갚을 때까지 관계가 계속된다. 끝이 아니라 시작인 것이다.

처음에 차용증을 받은 사람은 '정말 이걸로 될까?' 하고 불안했을지도 모른다. 그러나 '이거라면 다음번에 쓸 수 있을 거야'라고 믿는 사람이 있고 그 신뢰에 부응해 차용증을 받고 물건을 건네주는 사람도 있었을 것이다. 그러한 것이 쌓이고 쌓여 차용증에 대한 신뢰가 구축되어 가고 돈으로 발전해 갔을 것이다.

돈이 돈으로 성립되려면 '이것은 돈으로 통용된다'라고 계속해서 신뢰받아야 한다. '이 차용증을 가져 가면 보리 10봉지로 교환해 받을 수 있다'라고 생각하게 만드는 힘, 결국은 그것을 통용시키는 인간관계가 내일도, 모레도, 1년 후에도 유효하리라 누군가 굳게 믿지 않으면 돈은 돈으로 통용되지 않는다.

이렇게 생각해 보면 돈을 보는 견해도 바뀌지 않을까? 돈은 피도 눈물도 없는, 인정과는 반대되는 무미건조한 것으로 생각하기 십상이지만, 실제로는 지극히 인간적이다.

2

신용경제로의 역사적 복귀

통화가 가진 경제적 가치와 신용 창조

물물교환이 경제의 본연적인 기능을 다할 수 있다면 화폐경제가 붕괴하였을 때 물물교환으로 돌아가게 될 것이다. 하지만 그렇지 않다. 이럴 때 우리가 항상 목격하게 되는 것은 국가가 아니라 민간의 독자적인 신용 시스템으로의 회귀이다.

화폐의 기원이 물물교환이 아니라 신용 제도였다고 하면 여러 사례가 납득이 간다. 예를 들어, 1990년대 러시아, 2002년 아르헨티나의 경제 붕괴나 통화 위기와 같은 사례를 보면 경제학 관점에서는 '물물교환 시대로 돌아갔다'라고 말하게 된다. 그러나 가만히 그 사태를 들여다보면 물물교환이 아니라 순수한 신용 시스템으로의 회귀 혹은 또 다른 신용 시스템이 창출된 것임을 알 수 있다.

[사례 1] 아르헨티나의 금융 위기와 신용 시스템으로의 복귀

2002년 아르헨티나 외환 위기를 살펴보자. 2001년 12월 당시 경제부 장관이었던 도밍고 카발로 Domingo Cavallo는 거의 3년에 걸친 심각한 불황으로 은행 예금 인출을 엄격하게 규제하겠다는 결정을 고뇌 끝에 내렸다. 이로써 은행 시스템의 붕괴는 면했지만(국가가 국민보다 은행을 더 많이 보호한다는 의미이기도 하다), 아르헨티나 국민에게는 화폐가 갑자기 사라졌다는 것을 의미한다.

화폐가 부족해진 사람들은 아르헨티나 페소를 포기하고 민간에서 독자적인 화폐 대출 및 차입금을 기록하는 새로운 신용 시스템를 발행하기 시작했다. 2002년 3월에는 아르헨티나 내에서 유통되는 화폐의 3분의 1이 민간이 발행하는 화폐였다고 한다[2].

당시 〈파이낸셜 타임스〉는 그 장면을 다음과 같이 묘사했다.

부에노스아이레스의 한 카페에서 차와 크루아상을 먹은 후 세련되게 차려입은 두 명의 여성이 웨이터에게 계산서를 달라고 요청한다. 웨이터는 마치 오늘의 추천 메뉴를 읊조리듯이 몇 가지 옵션을 제시한다. "고객님, 페소 Peso, 파타콘 Patacones, 레코푸 Lecops를 이용하실 수 있습니다. 그런데 파타콘은 1차 발행분으로 사용이 제한됩니다. 시내의 레스토랑이나 슈퍼에서 널리 유통되고 있는 각종 런치 쿠폰도 사용하실 수 있습니다."

---

2) Hudson, Michael. 2004. "The archeology of money: debt vs. barter theories of money." In Credit and State Theory of Money(Randall Wray, ed.)114.

앞에서 등장하는 파타콘은 중앙은행이 발행하는 화폐가 아니라 지방자치단체가 독립적으로 발행하는 고유한 지폐다. 한국으로 말하자면, 그 누구도 '원화'를 사용하지 않게 되고 지역 상품권과 같은 독자적인 지폐를 사용하기 시작한 것이다. 그러나 파타콘은 넓은 의미에서 말하면 여전히 정부 부채였으며 액면가도 페소로 표시되었다. 2002년 7월이 되자 중앙정부 입장에서는 상황이 더욱 악화되어 성인 인구의 거의 10%가 전적으로 민간 부문에서 나온 신용 시스템이 발행하는 통화 '크레딧'을 사용하고 있었다.

이처럼 경제가 붕괴하자 국민들은 독자적인 신용 시스템을 새롭게 만들고 경제를 운영하기 시작한다. 한국에서는 어떻게 이러한 것이 가능할지 와 닿지 않을 수도 있다. 그러나 아르헨티나를 비롯해 통화 위기를 경험한 적이 있는 나라의 사람들은 국가가 발행하는 지폐에 대한 불신감이 강하고 독자적인 신용 시스템에 대한 신뢰가 강한 경향이 있다. 비트코인의 초기 발전에 크게 기여한 사람 중에는 국가의 화폐 시스템의 붕괴를 경험한 이들이 많았다.

미국 교도소에서는 수감자들 사이에 담배, 라면 등이 통화의 역할을 한다. 내구성, 휴대성, 수요 때문에 상품에서 통화로 변모했다. 여기에서 강조하고 싶은 것은 경제가 붕괴하면 사람들은 감옥에서 볼 수 있는 물물교환이나 상품화폐 시스템이 아니라 신용 시스템으로 되돌아간다는 점이다.

[사례 2] 아일랜드의 은행 폐쇄 후에 볼 수 있었던 신용 시스템

1970년 5월 아일랜드에서 거의 모든 은행이 문을 닫았다. 시민이나 기업은 현금을 어느 정도는 보유하고 있었지만 처음에는 동전, 나중에는 지폐 순으로 시장에서 유통되는 현금이 부족해졌다. 그래서 사람들은 수표를 지급 수단으로 사용하기로 했다.

수표는, 수표에 기재된 금액에 해당하는 현금을 은행에서 받고 해당 수표의 발행인 계좌에서 그 현금이 차감되는 구조다. 예를 들어, 스타벅스에서 4,000원짜리 아메리카노를 주문하고 수표로 지급했다고 하자. 스타벅스가 그 수표를 은행에 가져가 현금 4,000원을 받으면 내 계좌에서 4,000원이 빠져나간다. 수표 결제는 외상으로 지급하고 상대방에게 그 외상 금액이 기재된 종이를 건네면 상대측이 은행에 수표를 들고 가 현금화할 수 있는 구조다. 처음 들으면 불안정한 거래 형태라고 생각할 수 있다. 그러나 당일 은행에서 현금화할 수 있어 '수표=현금'으로 취급해도 일반적으로 큰 문제는 아니다. 단, 당시 아일랜드의 경우에는 수표 결제에서 다음 사항을 고려해야 한다.

1. 은행 시스템이 폐쇄되었기 때문에 수표의 현금화 시기가 불분명
2. 과거에 발행한 수표가 아직 정산되지 않은 상태라서 발행인의 은행 계좌에 있는 현금 잔고가 과거에 발행한 총 수표 금액을 청산하고도 남을 만큼 충분한지 알 수 없음

당시에는 수표를 현금화할 방법이 없었고 지급인의 은행 계좌에 있는 현금의 잔액이나 이미 발행한 수표가 어느 정도 되는지 당연히

알 방법이 없기 때문에 설령 은행이 문을 열더라도 계좌에 있는 잔고보다 많은 금액의 수표가 이미 인출되어 부도수표가 될 가능성이 있었다. 신용카드처럼 카드 회사가 결제를 보증하는 시스템과 다르게 수표의 외상 지급은 상대방의 신용 리스크를 크게 떠맡게 된다. 즉 당시 아일랜드에서 수표 결제가 가능해지려면 수표 수취인이 '언젠가 은행이 다시 문을 열었을 때 그 수표가 부도 나지 않을 것'이라고 스스로 판단하고 믿어야 했다. 수표의 또 다른 특징은 자신이 보유하고 있는, 타인이 발행한 수표를 이서하여 지급의 대가로 사용할 수 있다. 사실 이러한 양도성이 화폐의 본질을 이루는 핵심이지만, 은행에 가면 현금화할 수 있는 수표는 항상 환금성이 높기 때문에 타인이 발행한 수표를 현금처럼 지급원으로써 거래에 사용_{양도}할 수 있다.

내가 스타벅스에 건넨 4,000원권의 수표를, 스타벅스는 아르바이트생 급여로 지급할 수 있다. 스타벅스가 수표에 이서하게 되면 아르바이트생은 설령 내가 발행한 수표가 부도나더라도 이서한 스타벅스를 상대로 청구할 수 있다.

이 거래는 수표의 양도_{채권양도 중 하나}가 된다. 당시 아일랜드에서도 수표 양도로 지급이 이뤄졌다. 그러나 상상해 보자. 여러분의 수중에는 신원을 알 수 없는 사람들이 발행하고 이서한 수표가 넘쳐난다. 이 수표는 은행이 문을 닫아 영원히 현금화할 수 없다. 따라서 여러분은 이 수표들을 사용하거나 혹은 자신의 수표를 새로이 발행하여 물건을 구매한다. 즉 정말로 현금화할 수 있는지 모호한 수표라는 이름의 종이 쪼가리로 거래한다.

은행 문이 닫혀 있는 이상 수취인이나 지급인 모두 각 수표의 개별

적인 신용 리스크 혹시 부도수표가 되지는 않을까?를 정확히 판단하고 있었다고는 생각할 수 없다. 당초 아일랜드 경제가 붕괴하고 국민의 대부분은 생활할 수 없게 되리라 예상했다. 상상만으로도 대재앙이 될 법한 상황이었다. 그러나 아일랜드 국민은 독자적인 민간 신용 시스템을 구축함으로써 화폐가 없더라도 신용 시스템만 구동하면 경제는 발전할 수 있음을 입증했다. 은행이 다시 문을 연 1970년 11월까지 6개월 동안 상거래나 일상 거래를 포함해 아일랜드 경제에서 혼란은 빚어지지 않았으며, 건전한 거래 환경이 조성되고 오히려 이 시기 동안 경제는 성장해 갔다. 아일랜드 경제학자 앙투안 머피 Antoine Murphy는 다음과 같이 썼다.

> "개인의 신용만을 근거로 삼아 빌려준 측과 빌려간 측이 최종적으로 언제 정산될지도 모르는 신용 시스템이 제도로 체계화된 기존의 은행 시스템을 대체했다."

현대 금융 시스템의 맥락에서 아일랜드에서 일어난 사례는 대단히 흥미롭다. 아일랜드 고유의 사정도 있었겠지만 사회 전체가 현금에 접근할 수 없게 되고 수입과 지출 대부분이 '신용' 여기에서는 수표으로 이뤄진 결과 '신용' 자체가 통화로 취급되고 현금을 통한 '신용' 청산이 없더라도 경제 활동이 성립할 수 있었다. '신용'의 단위는 실제로 법정화폐였다. 그러나 법정화폐는 어디까지나 경제적 가치 척도의 역할에 지나지 않으며 실제로 거래에서 현금을 손에 넣을 수 있을지 여부는 문제가 아니었던 듯하다. 현대의 무현금 결제에서도 결국은 은행 예금 혹은 카드회사의 신용 보증을 전제로 한다. 아일랜드는 보다 선진적인 무현금 사회를 6개월 동안 체현하고 있었다. 정확히 말하자면 개인이 발행하고 이서한 수표에 의한 개인 신용 중심의 새로운 '프라이빗 머니 사회'를 만들었다고 할 수 있다.

아일랜드 사례는 '통화란 무엇인가?'를 생각할 때 대단히 중요한 논점을 갖는다. 《21세기의 화폐론》의 저자인 펠릭스 마틴Felix Martin은 '통화는 양도 가능한 신용으로, (1) 가치 단위를 제공하고, (2) 거래에서 발생하는 신용과 부채를 기록할 수 있으며, (3) 양도 가능한 것을 체현한 사회적 기술'이라고 지적한다.

통화는 채권 및 채무를 조사·기록하는 잣대 기능이 있으며, 그 채권 및 채무를 양도할 수 있다. 즉 '모든 통화는 신용이지만, 모든 신용이 통화라고는 할 수 없다. 그 경계 지점에 양도성이 있다'라는 것이다. 이것은 통화로 인해 초래되는 현상 중 하나가 신용이 아니라, 신용으로 말미암은 현상 중 하나가 통화임을 의미한다.

이 개념에는 통화의 요소가 '교환 기능이자 귀금속에 고정되는 절대적 가치를 대체한 것'이라는 요건이 필요 없다. 물물교환의 연장선상에서 화폐가 탄생했다는 학설은 경제학자만이 주장하고 있을 뿐 역사학자 입장에서 보면 물물교환에서 화폐가 탄생한 증거는 단 하나도 없고, 오히려 그렇지 않았음을 뒷받침하는 증거가 많다고 펠릭스 마틴은 소개한다.

합의에 따라 만들어진 통화에 대한 신뢰

암호화폐에는 다양하고 고유한 특성이 있지만, 통화 관점에서 가장 큰 특징은 중앙은행이나 정부와 같은 명확한 발행 주체가 없다는 점이다. 발행 주체의 유무가 어째서 중요한지에 대한 논의는 차치하고 발행 주체의 존재와 신용을 당연한 것으로 받아들이면 사용자 사이에서도 '발행 주체가 그 통화를 보증해 준다', '누군가가 발행해 주는 편이 안심이 된다'와 같은 생각이 드는 것이 통화의 필요성으로 다가온다.

국가의 중앙정부 권력이 약했던 시절에는 정부가 발행하는 화폐를 그 누구도 신뢰하지 않았다. 금처럼 실질적으로 내재적 가치가 있는 물건을 기반으로 하여 만들어진 화폐만이 가치가 있었고 누구나 신뢰할 수 있었다. 1971년 금본위제가 폐지되고 오늘날 대부분의 법정화폐는 그 누구도 통화의 가치를 보장해 주지 않는 데도 안심하고 사용할 수 있다고 말하면 어딘가 부자연스럽다. 한편, 과거의 화폐 제도는 어떠했을까? 특히 중앙은행처럼 현재 통용되는 화폐 제도가 생기기 전에는 어떤 시스템이었을까?

다음에 소개하는 일본의 도라이센이나 마리아 테레지아 은화처럼 타국의 통화가 시민의 삶에 자연스럽게 파고들어 간 사례도 있다. 따라서 통화의 발행·유통의 범위가 국가라는 지리적 틀과 반드시 일치하는 것이 아닐뿐더러 '한 국가 1 통화 제도one nation, one currency'도 절대적이지 않다. 국가라는 테두리와 통화의 발행·유통의 범위가 일치하지 않는 예에는 달러화 및 화폐 통합을 들 수 있다. 각 나라는 일반적으로 자국 통화를 발행하고 있지만, 엘살바도르처럼 자국 통화를 포기하고 달러를 채택한다거나, 유대 관계가 강한 다른 나라와 공동으로 공통의 통화를 발행·유통하는 경우가 있다.

(1) 도라이센 渡来錢

일본에서 헤이안 시대 말부터 전국 시대 무렵까지 사용하던 화폐는 주로 도라이센 渡来錢이라고 부르는 중국에서 수입한 구리 동전이었다. 일본에서 화폐를 본격적으로 사용하기 시작한 것은 헤이안 시대 말기 다이라노 기요모리 平清盛, 1118~1181년 시대라고 한다. 다이라노 기요모리가 중국에서 구리 동전을 대량으로 수입하여 반강제적으로 경제 활동에 사용하도록 했다고 한다. 그 이후 중국에서 수입한 구리 동전인 도라이센이 일본에서 화폐의 중심이 되었다.

도라이센 중에서 대표적인 것이 송나라의 동전으로, 당시 중국 왕조였던 송왕조가 발행한 통화이다. 동銅, 구리 자체는 금이나 은과 달리 희귀성을 가진 금속이 아니다. 송전은 전성기에는 연간 60억 개씩 대량으로 주화를 생산했고, 그 수가 너무나도 많아 현재도 송전은 골동품으로서의 가치가 거의 없다. 따라서 구리 동전 그 자체가 가진 금속으로서의 희귀성 때문에 사용되었다고도 할 수 없다.

당시 일본은 그 동전의 발행 주체인 중국에 의존하던 경제도 아니었으며 그 화폐를 사용할 의무를 국가로부터 강요받았던 것도 아니다. 현대적 의미에서 보면 놀랍게 들리지만, 사람들의 합의로 성립한 결제 수단을 일본에서 400년 가까이 사용했던 셈이다. 흥미로운 점은 송나라960~1276가 멸망한 후에도 일본에서는 송전을 계속해서 사용했던 일이다. 더 이상 존재하지 않는 다른 나라의 통화를 사용한다는 것이 오늘날의 상식으로는 상상하기 어렵다. 일반적으로 말하는 '통화 발행 주체≒국가가 존재하고 그 신용으로 가치가 보장되거나 혹은 결정되는 것이 통화에는 불가결하다'와 같은 전제를 전면적으로 부정하는 논리가 작용하고 있었던 것이다.

이러한 통화의 사용 방식이 어딘가 비트코인과 비슷하다고 생각하지 않는가? 도라이센의 경우 한때는 그것을 발행한 국가가 존재했지만 발행 주체가 있다는 것의 큰 의미인 '발행 주체에 대한 사회적 신용'이라는 관점에서는 송나라가 멸망한 시점에서 실질적으로는 상실되어 버렸다. 애초에 도라이센을 사용하고 있었다고는 해도 중국 경제에 예속되지 않았고, 중국 시대 왕조에 대한 신용을 기준으로 삼아 일본에서 사용하고 있었던 것도 아니다. 일본에서 유통되던 도라이센은 중국에서 유통되던 동전과는 무관한 특정한 개체였다. 중국에서는 대형 화폐였던 동전도 의도적으로 가공해 작은 동전으로 사용하거나, 중국에서는 이미 지폐로 이행해 간 시기에도 일본에서는 그지폐가 전혀 유통되지 않았다.

일본은행이 설립1882년 설립된 지 150년도 되지 않았다는 점을 고려하면 당시는 송전을 자연스럽게 받아들였을지도 모른다. 당시 사람들이 이해했든 이해하지 못했든 간에 비트코인이 거래 가능한 형태로 존재했다면 사용할 여지는 충분히 있었을 것으로 생각한다.

(2) 사후 200년 이상 사용된 마리아 테레지아 은화

오스트리아의 여제인 마리아 테레지아Maria Theresa는 합스부르크 Habsburg 가문의 여성 군주이자, 비운의 삶을 살다 간 여왕으로 알려진 마리 앙투아네트Marie Antoinette의 어머니이다. 그녀는 1717년 합스부르크의 카를 6세Karl VI와 엘리자베스 크리스틴Elisabeth Christine 황후의 장녀로 태어났다. 카를 6세한테는 아들이 없었기 때문에 상속 문제가 발생하여 오스트리아 왕위 계승 전쟁으로 발전했다. 상속 문제가 전쟁으로 발전했지만, 아헨조약Treaty of Aachen으로 끝났고 슐레지엔Schlesien의 할양은 면치 못했지만 마리아 테레지아의 상속은 인정되었다.

마리아 테레지아는 신성 로마 제국의 프란츠 1세 슈테판Franz I Stefan의 황후이자 오스트리아의 여대공으로 재위1740~1780년했던 오스트리아의 실질적인 군주였다. 남편인 프란츠 1세가 정치에 관심이 없었기 때문에 그녀는 신성 로마 제국의 실질적인 통치자이자 황제였다. 실제로 40년의 장기 통치를 실현한 마리아 테레지아는 근대화에 기여한 혁신적인 정치를 펼쳤던 인물로 현대에서도 높은 평가를 받고 있다.

그녀의 재위 기간 마리아 테레지아 여왕의 모습이 새겨진 주화가 발행되었는데, 그중에서도 1탈러Thaler 은화는 대단히 유명하다. 이 은화는 신기하게도 동아프리카와 아라비아반도의 일부 지역에서 특별한 인기를 얻었다. '인기'라는 표현이 적절치 않을 수도 있지만, 커피콩 거래를 비롯해 왕성하게 돌아가는 경제 흐름 속에서 마리아 테레지아의 은화는 중요한 역할을 하고 있었다. 은화는 그녀가 사망한 해인 1780년 마지막으로 발행되었지만 그녀의 사후에도 수요가 있었기 때문에 오스트리아 정부는 은화를 계속 발행했으며, 그 후에도 200년 이상 일부 지역에서 계속 사용했다.

에티오피아 서부의 카파Kappa 지역은 커피의 어원이 된 장소다. 이

곳에서 커피를 사려면 오로지 마리아 테레지아의 은화만 통용됐다. 이 현상은 테레지아의 재위 기간에도 볼 수 있었지만 그녀의 사후에도 마찬가지였다. 원래 이 은화는 오스만 튀르크Osman Türk 등 동방레반트과의 교역을 목적으로 발행한 것으로 '레반트 탈러Levant Thaler'라고 부르고 있었다. 그러나 이 정도로 은화 자체의 인기가 높아질 줄은 예상하지 못했다. 이러한 현상이 일어난 이유는 마리아 테레지아 은화가 카파 지역을 중심으로 한 경제권의 흐름에 통합되었기 때문이다. 1960년경까지 각지에서 계속 발행되어 1970년까지 예멘Yemen의 공식 화폐로 인가를 받아 사용되었다. 유럽에서 주조된 은화가 현재의 예멘인 아덴Aden에 도착하면 카파 지역의 커피와 교환된다. 일부 은화는 세금으로 납부하고 생필품을 사기 위해 다시 아덴으로 돌아간다. 이러한 큰 흐름은 사람 피의 흐름과 비슷하다. 흐름이 멈추면 죽음을 의미한다. 도중에 감소하는 혈액을 보충하려면 똑같은 혈액이 필요하다. 그것이 마리아 테레지아의 은화였다.

민족, 종교, 행정, 문화를 넘나들려면 공통 인식을 가진 통일된 은화가 필요하고, 마리아 테레지아 은화는 많은 사람 사이에서 공통된 가치를 지닌 은화로 파고들었다. 경제 흐름에 주요한 수단으로 자리잡게 된 은화를 새로운 은화로 바꾸는 일은 어려웠고, 억지로 바꾸려고 하면 경제 흐름이 멈출 수도 있다고 생각했기 때문에 특정한 경제권에서 마리아 테레지아의 탈러 은화 이외의 은화는 통화로서의 가치를 잃어버리게 되었다.

발행 매수는 억 단위이며 실질적으로는 전 세계에서 200년 이상 사용되어 왔다. 또한, 오스트리아 정부가 1935년 통화 주조권을 제1

차 세계대전 패배에 따라 이탈리아에 양도하자 이번에는 유럽의 많은 나라에서 마리아 테레지아 은화를 주조하기에 이르렀다. 그 결과 마리아 테레지아 은화는 오스트리아뿐만 아니라 영국, 프랑스, 벨기에 등 유럽 각지에서 발행된 역사가 있다. 이 에피소드는 화폐의 유통에 있어 물질적 또는 정치적 시스템이 필요하지는 않다는 점을 보여 준다. 어째서 이러한 현상이 일어나고 있었을까? 위대한 경제학자인 케인스도 머리 싸매고 고민했다고 한다.

마리아 테레지아는 치세한 황후라는 명성 외에도 16명의 자녀를 낳은 다산으로 유명했다. 부친인 카를 6세에게 남자 후계자가 없어 승계 문제로 고통받았기 때문에 자신은 많은 후손을 남기려고 했다. 후에 왕위를 계승한 아들 요제프 2세 Joseph II, 프랑스 왕세자 루이 16세 Louis XVI와 결혼한 비극적인 여왕 마리 앙투아네트가 16명의 자녀 중에서 가장 유명하다. 지금은 화폐로서의 통용력을 잃었지만 마리아 테레지아는 많은 자녀를 낳은 황후였기 때문에 1탈러 은화는 안전한 출산을 위한 부적으로 사용한다.

도라이센의 '송전(宋錢)'
출처: 위키피디아

마리아 테레지아의 '탈러(Thaler) 은화'
출처: littletoncoin

기술의 진화와
화폐의 진화

1

화폐 경합의 시대

화폐와 지급결제 시스템

수렵 채집에서 농경 정착 생활로 전환이 일어난 시기가 기원전 약 1만 년 전의 일이다. 세계 인구가 500만 명에 불과했던 시대이다. 사람들은 지배하는 자와 지배받는 자로 나뉜다. 전자는 타인에게 노동을 강제하는 능력, 타인의 노동 성과를 착취하는 능력, 귀중한 특정 자원을 보존하는 능력을 두루두루 갖추고 정치 권력을 동원해 후자에게 공납 징수와 징발을 통해 교역을 지배한다. 그 과정에서 환전이나 축재에 사용한 수단이 조개, 곡물, 천, 금속 등의 '상품화폐'이다.

돈에 요구되는 기능은 교환 수단, 계산 척도, 가치의 저장이다. 그리고 조개 등의 상품화폐가 이 기능을 갖추려면 사회에서 통용된다는 신뢰성이 전제된다. 누구나 물건과 맞바꿀 수 있고 교환의 기준이 되며 시간이

지나도 가치가 변하지 않아야 한다. 만일 이러한 조건을 충족하지 못하면 조개는 화폐가 될 수 없다. 지금 우리가 사용하는 지폐한국은행권도 액면가는 생산 비용을 능가하지만 화폐의 역할을 충실히 수행하고 있다.

단, 조개, 곡물, 천 등은 화폐의 3가지 기능을 수행하는 데 있어 오랜 기간 혹은 광범위한 지역에서 유통되기에는 금·은·동 등 소재 가치가 높은 금속화폐에 비하면 열등하다. 보존과 운송에 비용이 들기 때문이다. 금속화폐는 주조 기술과 경제력이 제약으로 작용하지만 정치 권력은 전쟁이나 웅장한 건축물의 구축 필요성에 따라 금속화폐를 발행하고 발행 이익표면 가액과 주조 비용의 차액을 얻었다. 일본에서는 708년 화동개진和同開珎 등 '황조 12전'이 헤이안쿄平安京 건설비의 자금을 마련하기 위해 발행되어 화폐로 유통되었다.

일본 최고(最古)의 은화와 동화 '화동개진'
출처: cultural heritage online

중세 유럽에서는 여러 권력 집단이 발행한 다수의 금속화폐가 지배 지역을 넘어 공존해 각 지역에서 이용되었지만, 소재의 순도는 상이했다. 순수 금화와 합금으로 된 저질 주화가 동시에 발행되다 보니 사람들은 남에게 지급할 때는 후자를 이용하고 실질적인 가치가 높은 전자는 자신이 보관해 시간이 지날수록 시장에서 양화인 순수 금화가 사라져 가고 악화가 통용되었다. 익히 알려진 '악화가 양화를 구축한다bad money drives out good'라는 그레셤의 법칙 Gresham's law이 등장한 시대이다. 단, 취급 업자는 그러한 내막을 잘 알고 있었기 때문에 나중에는 순도의 차이에 가격 차이 프리미엄를 붙였다고 한다.

현재는 국가가 화폐의 공급을 조절해 일국 경제가 한 개의 통화만을 사용한다. 그러나 19세기 전후에 이르기까지는 정치권력 단위제국, 왕국 등의 통치 지역마다, 또한 시기마다 가지각색의 화폐가 통용되었다. 화폐 발행은 때때로 정치권력에 필요한 재정 수단발행 이익이었지만, 발행된 화폐는 영지 경계를 넘어 거래에 사용되었으며 다양한 화폐 간의 교환 비율은 장소마다 상이했다. 19세기가 되어서도 미국의 주일공사 타운센드 해리스Townsend Harris가 자신의 지위와 정보력을 이용하여 일본에서 저렴하게 금화를 산 후 홍콩에서 비싸게 팔아 환차익을 얻은 끝에 해고되었다는 일화는 이를 단적으로 보여 주는 사례이다.

정치권력이 지정·발행하는 상품화폐와 다르게 교역 활동의 편의상 생겨난 '어음'은 시장이 낳은 화폐라고 할 수 있다. 거기에서 현재까지 이어지는 은행권은 상품화폐와 달리 소재 자체가 경제적 가치를 갖지 않는다. 어음은 특정한 거래에 대한 지급 보증을 약속한 서약서에서 시작해 나중에는 거래를 특정하지 않고 은행이 지급을 보증한 증서은행권로 통용되어 상품화폐와 동등한 결제 수단, 즉 화폐의 역할을 하게 되었다. 유럽에서는 중세 이후 환전상 등이 환전, 화폐의 보관 및 대출을 맡아서 처리했으며 예금의 입금, 출납 및 결제부터 외환 송금 등 외환 거래까지 취급하는 가운데 어음 거래나 결제가 이뤄지고 있었다. 19세기에 중앙집권적인 국민국가가 성립된 후 국가의 통화발행권을 중앙은행이 독점할 때까지는 한 국가의 금융 규제 범위 내에서 은행의 구실을 하는 여러 주체가 각각의 은행권을 발행하게 되었다. 그 본질은 예금과 마찬가지로 각 은행의 채무 증서였다.

통화의 통일에서 중앙은행 제도로

16세기 대항해 시대가 시작되고 유럽에서는 절대왕정하에서 중앙집권화가 진행되었으나 상업 자본이 확대되어 국민국가가 성립하기 시작하자 국가는 독점적인 화폐 발행 이외의 재정 수단을 얻게 되었다. 바로 국채 발행이다. 나폴레옹전쟁, 남북전쟁, 보불전쟁 프로이센-프랑스 전쟁을 19세기의 3대 전쟁이라고 하는데, 전쟁에 소요한 거액의 비용은 모두 국채 발행으로 충당되었다. 이미 화폐의 독점적 발행은 재정의 필요와는 분리되었으며 화폐의 가치 안정에 대한 신뢰야말로 거래 비용을 낮춘다는 중요성이 높아졌다. 그러나 법정화폐를 은행에 금이 있는 만큼만 찍어 내도록 하는 금본위제로 향하는 과정은 평탄하지 않았다.

영국은행은 17세기 말에 설립되었다. 다른 은행의 준비 예금이 집중되는 중추적인 은행으로서 19세기 여러 차례에 걸친 금융공황 속에서 영국 최대 금융기관으로 성장했고, 1844년 은행 헌장법 Bank Charter Act 1844에 의해 독점적인 발권 은행이 되어 민간 은행임에도 그대로 중앙은행 기능을 수행하게 됐다. 영국은행은 마침내 2차 세계대전 후 국유화되어 현재에 이른다. 미국에서는 건국 초기에는 각 주의 은행 면허와 연방 면허에 의한 은행이 혼재되어 있었지만, 19세기 중반에 은행 개설 면허를 자유화하고 다양한 은행권이 발행자의 신용도에 따라 여러 가격으로 유통되는 '자유 은행 시대free-banking era'(1837~1862)가 출현했다. 은행이 난립하고 은행권이 남발해 신용을 잃은 은행에 예금주들이 돈을 찾으려 몰려들고 은행권이 '쓰레기 종잇조각'이 되는 시기였다. 이 혼란에 마침표를 찍은 계기가 남북전쟁이었다. 전쟁 비용 조달 때문에 국채의 안정적인 소화에 대한 니즈가 은행의 시스템 개혁과 은행권의 통일로 이어졌다.

오랜 시행착오 끝에 여러 나라가 도달한 결론이 중앙은행을 설립하고 통화 발행을 한 나라의 중앙은행에 일임하는 것이었다. 그리고 통화 발행은 더 이상 발행 이익을 통한 재정 조달 수단이 아니라, 일국 경제의 결제 시스템의 효율적인 운용 수단으로서의 역할이 강해진다. 발행 주체가 산발적이면 각각의 신뢰성을 판단하는 과정이 필요하므로 통일되고 가치가 안정된 통화일수록 거래 비용이 줄어들기 때문이다.

화폐는 거래의 결제뿐만 아니라 부구매력를 안전하게 저장하는 수단이기도 하다. 오늘날에는 환전상이라 하면 환전 업무를 취급하는 은행을 의미하지만, 원래 환전상은 그리스·로마 시대부터 근대적 화폐 제도가 성립되기까지 초기 단계에 존재했던 화폐 거래업이었다. 나라와 도시에 따라 서로 다른 화폐제도에 바탕을 둔 각종 주화가 통용됨으로써 화폐의 위조 여부와 가치를 감정하여 이를 다른 지역의 화폐와 교환해 주는 환전상이 불가피했다. 그러나 근세에 들어와서는 신용 제도의 발달과 함께 은행 조직이 화폐자본의 거래 업자로 자리 잡음에 따라 환전상 업무는 은행의 기능 속에 흡수·포함되었다. 환전상 등이 고객으로부터 돈을 맡아 두고 맡긴 동안에 그 돈을 타인한테 빌려주고 이자를 버는 것, 이것이 은행 업무의 원형이다. 맡아 놓은 자금의 일부는 대출해 준 상태라서 예금 인출이 한꺼번에 몰리면 은행은 대응할 수 없다. 예금의 일부밖에 준비해 놓지 못하기 때문이다. 현대의 금융 시스템에서는 '부분 준비 제도'라고 부른다. 자본주의와 화폐의 역사는 빈번한 뱅크런Bank-run, 예금 대량 인출과 금융위기의 역사라고 하는 점이 바로 이 때문이다.

통화 공급량money stock은 금융기관과 중앙정부를 제외한 민간 부문에서 유통되는 화폐의 양을 의미한다. 돈이 얼마나 유통되고 있는지 알 수 있는 통화 및 유동성 지표이다. 정의에 따라 M1, M2, M3, M4 등이 있지만 구성 내용은 국가마다 약간씩 다르다. M1을 '협의통화narrow money', M2를 '광의통화broad money'라고 부른다. 한국 기준으로 M1은 현금+결제성 예금, M2는 M1+2년 미만 금융상품, M3는 M2+2년 이상 금융상품, L은 M3+채권과 어음으로 분류된다. 전통적으로 시장에서는 M2현금 통화 + 결제성 예금 + 2년 미만 금융상품를 자주 언급한다.

	현금	결제성 예금	2년미만 금융상품	만기2년이상 예금은행 및 비은행금융기관 기타예수금	정부·기업발행 유동성상품
			• 정기예적금 • 실적배당형 수익증권 • 양도성예금증서(CD) • 머니마켓펀드(MMF) • 환매조건부채권(RP) • 종합자산관리계좌(CMA)	• 장기금융상품 • 생명보험계약준비금 • 증권금융 예수금 등	• 각종채권, 어음 등
M1(협의 통화)					
M2(광의 통화)					
Lf(금융기관유동성)					
L(광의 유동성)					

통화 공급량 분류 출처: 한국은행

[그림 1]은 선진 5개국의 장기에 걸친1870~2014년 M1협의통화과 M2광의통화의 추이를 보여 준다GDP 비율. 전쟁 기간1920~1945년 전후로 트렌드는 중단되지만 어떤 시기에나 M1은 비교적 안정되어 있다. M2가 증가세를 나타내는 것과 대조적이다. 관련해 2000년대 전후부터 M1이 급증하고 있는 것은 세계적 저금리하에서 각국이 비전통적인 '양적 완화 정책'을 취하고 있음을 반영한다.

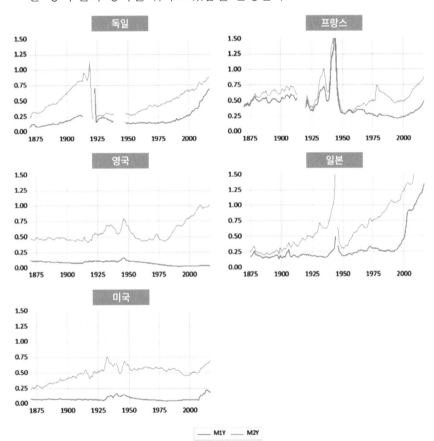

[그림 1] 머니의 장기적 추이, 선진 5개국, 1870~2014년(對 GDP 비율)
M1Y: 협의통화(현금 + 결제성 예금) M2Y: 광의통화(현금 + 중은 예금 + 은행 예금)
출처 : Jorda et al. (2016) http://www.macrohistory.net/data/

그런데 중앙은행 제도가 갖추어진 이후 중앙은행이 '최후의 보루'로서 뱅크런 시에 발동하는 긴급 융자나 예금보험은 어느 정도 뱅크런을 억제한다. 한편, 1980년대부터 시작된 금융 자유화의 추세에 따라 비은행 금융기관이 자산을 맡아 운용하는 사례가 증가한다. 비은행 금융기관의 자산 규모는 2008년 글로벌 금융 위기로 일시적으로 정체되었지만, 은행을 상회하여 확대되고 있다. 투자은행, 증권회사, 보험회사 외, 투자신탁, 연금기금, 헤지펀드 등 기관투자자로 구성된 비은행 금융기관은 2007년에는 총자산 100조 달러와 세계 GDP의 172%, 금융자산 총액의 46%에 도달했다.

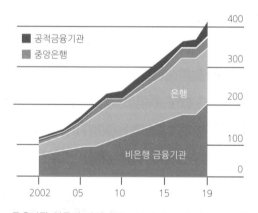

금융기관 업종별 자산 규모 (2002~2019년, 단위: 조 달러)
출처: Economist (2018)

은행과 비은행 금융기관 간의 차이는 결제계좌예금를 제공할 수 있는지 여부다. 신용카드도, 주택·자동차 대출도 대여자와 차용자의 예금 계좌 간에 결제된다. 현금이 오고 갈 필요가 없고 장부상의 업데이트만으로 결제가 완료된다. 즉 은행예금은 '예금통화'라는 '돈'이며, 그것은 환전상 시대의 '신용' 머니와 같은 역할을 하고 있다.

더불어 은행 시스템에서는 예금을 '밑천'으로 대출신용이 이뤄지고 그것이 적어도 일단 예금으로 회수되면 시스템 전체로서는 수배나 되는 예금통화를 창조하는 '신용창조'가 가능해진다. 대출이 건전하고 수익성 높은 투자 기회를 실현하게 되면 수요에 따른 화폐가 공급된다. 실제로 돈의 대부분은 결제성 예금이며 현금은 지극히 일부에 지나지 않는다. 앞의 [그림 1]을 보아도 광의통화가 협의통화와 다르게 강한 상승 추세를 나타내고 있는 것으로도 알 수 있다. 중앙은행은 협의통화는 직접 통제할 수 있지만 광의통화는 간접적으로 통제할 수밖에 없다.

현대의 이 금융 시스템의 약점은 대출은 여전히 장기 자산인 데 반해 예금은 단기 유동자산이라는 점이다. 갑작스럽게 예금 인출이 일어나도 장기 자산은 급히 판매할 수 없다. 이를 위해 준비해 둔 장치가 예금보험과 최후의 보루인 대출 기능인데, 이것이 뱅크런을 억제할지라도 은행의 과도한 리스크 대출모럴 해저드을 조장할 가능성도 있다. 결제 시스템을 담당하는 은행이 비은행 금융기관과 달리 엄격한 규제 감독하에 영업해야 하는 것은 이 때문이다.

방코르와 닉슨 쇼크

약 20만 년 전에 출현한 호모 사피엔스는 언어와 화폐를 사용할 수 있다는 점에서 형질적인 특이성이 있다. 언어와 화폐는 인류 진화를 위한 2대 매체라고도 할 수 있다. 오늘날 우리는 '한 국가 1 통화 제도'와 '변동 환율 제도'에 익숙해져 이를 당연한 것으로 생각하지만, 현대의 2대 화폐 제도가 생긴 역사는 각각 180년과 50년에 불과하다. 수만 년 전에 시작된 화폐사를 통틀어 보면 매우 짧은 기간에 불과하다.

세계에는 약 180개의 통화가 존재한다. 달러, 유로, 파운드, 루피, 엔, 위안화 등 소수의 통화가 국제무역, 금융, 중앙은행의 외화 준비에 큰 역할을 담당하고 있다. 그중에서도 미국 달러가 가치 척도, 교환 수단, 가치의 저장 수단으로서 국제적으로 압도적인 존재감을 나타내고 있다. 수십 년이 지나도 지배적인 통화의 지위는 변하지 않는다는 경향이 있다. 그러나 오랜 시간을 놓고 보면 지배적인 통화의 지위가 수 세기 또는 반세기에 걸쳐 변화해 국제통화시스템에 결정적인 변화가 생기는 경우가 있다. 예를 들어, 1930년대까지의 지배적 통화였던 영국 파운드는 제2차 세계대전 이후 지급 수단으로서 지배적 지위를 잃었다.

금본위제는 1816년 영국에서 시작했다. 1844년 영국중앙은행은 금과 교환 가능한 파운드를 태환지폐금 1온스=3파운드 17실링 10펜스로 발행했으며, 19세기 말에는 런던 시티를 중심으로 한 국제 금본위제파운드 제도가 확립되었다. 당시 영국은 인도와 같은 막대한 식민지와 가장 안정적인 재정 기반을 가지고 있어 영국 경제가 헤게모니주도권를 쥐게 되었다. 그런 의미에서 인도는 '국제 금본위제=파운드 체제'를 지탱해 준 최대의 안정 요인이었다. 이처럼 19세기까지 영국은 '세계의 공장'으로 세계 경제를 주도했으며, 20세기에는 산업 생산성 측면에서는 미국과 독일에 추월당했지만 국제 금본위제=파운드 체제로 세계의 은행으로서 세계자본주의를 이끌었다. 그러나 이 시스템은 오래 가지 못했다. 1914년 제1차 세계대전이 발발하면서 전 세계적으로 대공황이 발생했기 때문이다. 금본위제를 주도했던 영국에서도 무기 매매 등의 무역으로 대량의 금이 국외로 유출됐다. 그 결과 돈과 금의 균형이 크게 깨졌고, 금본위제를 유지할 수 없게 되었다. 일단 기축통화로 선택되면 다른 통화로 전환하는 데 비용이 들기 때문에 관성이 작용한다. 영국의 경제 규모는 19세기 말 이미 미국에 뒤처져 있었지만 영국 통화인 파운드는 제2차 세계대전까지는 미국 달러의 부상에도 불구하고 기축통화의 지위를 유지했다.

1944년 워싱턴 근교의 리조트인 브레턴우즈Bretton Woods에서 연합국의 정상이 모여 국제금융 체제의 재건을 위한 논의를 벌인다. 두 차례의 세계대전을 거쳐 쇠락한 영국을 대신해 경제적 패권을 쥔 것은 미국으로, 세계의 70% 이상의 금을 보유하는 압도적인 경제력을 바탕으로 미국 달러를 사실상 기축통화로 삼는 브레턴우즈 체제가 구축되었다. 미국이 35달러를 금 1온스로 태환을 약속하고 국가의 통화 교환 비율환율을 일정하게 유지하며 그에 따라 자유무역을 발전시켜 세계 경제를 안정시키자는 구조다. 이 체제에 따라 전후 서방 국가의 경제 부흥이 지탱되고 달러가 국가 간의 합의에 근거한 기축통화가 되었다.

금본위제하에서 발행된 지폐는 일반적으로 각국의 중앙은행예, 한국은행이 발행하는 은행권이며, 중앙은행이 보유한 금화나 금괴와 교환하여 발행되는 태환지폐이다. 지폐가 신용을 받는 근거는 원래 금본위제하의 태환 제도에 있었다. 따라서 금본위제하에서는 각국이 보유한 지폐의 양은 금의 보유량에 제한받는다

그러나 새로운 틀이 순조롭게 결정된 것은 아니었다. 미국 달러처럼 일국의 통화를 사실상 국제통화로 삼는 것이 좋은지에 대한 비판이 있었으며 가장 앞장선 이는 케인스였다. 전 세계 금의 70% 이상이 미국에 집중돼 있었고 종전 직후 단계에서 미국 달러는 국제 통화로서 적격한 담보를 충분히 보유하고 있었지만, 이러한 상태가 장래에도 지속될지에 대한 보증은 없다고 강하게 우려를 표명했다. 케인스는 일국의 통화를 국제통화로 삼는 것의 폐해를 논하며 모든 주요국이 출자해서 그것을 담보로 새로운 국제통화를 만들어야 한다는 '방코르 Bancor' 안을 제창했다. 그러나 당시 미국과 영국 간 역학관계 때문에 케인스 안은 채택되지 않고 미국 통화를 사실상 기축통화로 삼는 안이 채택되었다.

그런데 1971년 8월 15일 닉슨 대통령은 미국 달러와 금 간의 태환을 중단하겠다고 발표한다. 이를 '닉슨 쇼크 Nixon Shock, 달러 쇼크'라고 하는데 '쇼크'라고 부르는 것은 그때까지 금과 교환할 수 있는 유일한 통화가 달러였기 때문이다. 이 태환 중단은 다른 국가들한테는 사전에 알려지지 않았으며, 갑작스러운 발표에 전 세계가 깜짝 놀란다. 달러의 금 교환에 대응할 수 없을 정도로 미국의 금 보유량이 줄어 전후의 금과 달러를 중심으로 한 통화 체제를 유지하는 것이 더 이상 어려워졌기 때문이다. 1973년 선진국들이 잇따라 변동 환율 제도로 전환함에 따라 미국 달러가 합의하에 기축통화의 역할을 담당했던 시기는 1945년부터 1973년까지 28년간이었다. 그러나 그 후에도 미국 달러는 사실상 기축통화로 사용되어 세계의 국제금융 거래에서 압도적인 점유율을 유지한다.

한 나라의 통화가 기축통화가 되려면 몇 가지 조건이 필요하다. 자유로운 거래가 이뤄져 교환성이 확보되어야 하고, 경제·무역 규모가 커야 하며, 자국 금융 시장이 크고 신뢰성이 높은 중앙은행이 존재해야 한다. 기축통화가 되면 해당 통화에 대한 수요가 높아지므로 기축통화국은 수요에 부응하기 위해 적극적으로 자국 통화를 공급하는 역할을 수행해야 한다. 이는 경상수지의 적자금융수지의 흑자를 확대하는 것으로 실현된다. 제2차 세계대전 이전의 기축통화였던 영국, 제2차 세계대전 후의 미국도 마찬가지로 경상수지의 적자가 지속되면 대외 순채무가 늘어난다. 그 결과, 해외에 미국 달러의 채무가 쌓이게 된다. 그러나 해외에 미국 달러를 공급하고 그 결과 미국 달러의 해외 채무 축적이 진행되면 미국 달러의 통화 수급 균형이 악화하여 미국 달러의 가치도 하락할 위험이 높아진다. 기축통화국은 세계 경제의 발전을 위해 경상수지 적자를 통한 자국 통화의 해외 공급이 필요하지만, 동시에 그것은 자국 통화에 대한 신용을 훼손시켜 통화 가치가 하락할 위험이 높아진다. 이는 기축통화국의 금융 시장을 불안정하게 하고 해외 국가의 경제 발전에도 장애가 될 수 있다. 이러한 딜레마로 기축통화의 유동성을 유지, 향상하는 가운데 신용을 유지하는 일은 어렵다고 알려져 있다. 영국 파운드가 기축통화의 지위를 잃고 미국 달러도 1970년대에 브레턴우즈 체제에서 합의된 기축통화를 28년밖에 유지할 수 없었던 배경에는 이러한 내외 금융 시장에 딜레마가 존재했기 때문이다.

미국 달러의 기축성에 관한 역사적 경위

전후 세계에서 미국의 압도적인 경제적·군사적인 우위성은 크게 떨어지고 있다. 거액에 이르는 쌍둥이 적자twin deficit, 경상수지와 재정수지가 동시에 적자를 안고 달러 가치의 유지를 도모하고 있는 현재 상황은 미국 달러를 기축통화로 정한 시기에 미국이 가졌던 우위성이 확실히 약화되었음을 보여 준다. 그럼에도 전후 세계 경제의 큰 변화에도 오늘날 미국 달러가 기축통화·국제통화로서의 지위를 유지하고 있는 이유는 세계에서 가장 유통이 활발한 통화라는 점, 즉 세계에서 가장 국제 유통 가능성유동성이 높은 통화라는 점으로 모든 게 설명된다. '미국 달러가 기축통화로 세계에서 유통되고 있다는 근거는 세계에서 가장 유통이 활발하다는 점에서 찾을 수 있다'라는 논리가 다소 말장난처럼 들릴지 모르지만, 미국 달러가 기축통화·국제통화인 이유를 충분히 설명해 준다.

먼저 기축통화·국제통화란 무엇인지 알아보자. 국제통화는 국제 무역, 외환 거래의 결제 및 국제 송금에 사용하는 통화를 의미한다. 현재 외환 시장에서 거래되고 있는 대표적인 통화에는 달러, 유로, 파운드, 엔, 위안화 등이 있다. 그 가운데 가장 중심적인 역할을 담당하는 통화를 기축통화라고 한다. 이 기축통화에는 3가지 역할이 있다. 우선, 각국 통화의 교환에서 가치 기준의 역할을 담당하는 기준통화라는 역할이다. 다음으로 국제적인 통용성유동성이 낮은 달러 이외의 통화와 교환이나 결제, 송금을 할 경우 일단 국제 통용성유동성이 높은 통화인 달러로 바꾸어 교환이나 결제, 송금을 실시한다. 이렇게 달러 이외의 통화를 대신하여 교환 등을 중재하는 '매개 통화' 의 역할을 한다. 또한, 금 등과 함께 은행과 정부가 대외적인 지급에 대비하여 사전에 보유해 놓은 통화, 즉 준비통화라는 역할을 담당한 다. 이 세 가지 역할을 담당하는 것이 기축통화이다.

국제무역의 지급 수단으로 미국 달러가 압도적인 점유율을 차지하 고 있으며, 미국 달러와 함께 활발하게 사용되는 통화에는 유로, 영 국 파운드, 일본 엔, 스위스 프랑, 인도네시아 루피, 중국 위안화가 있 다. 양 국가 간 무역의 흐름 중에는 이러한 통화가 미국 달러만큼 중 요한 역할을 하는 경우도 있다. 미국 달러에 이어 사용률이 높은 유 로는 국제 무역의 대부분이 유럽 국가 간에 이루어지거나, 유럽 국가 중 한 나라는 관여한다는 사실로 그 존재감이 부각된다. 지배적인 통화의 특징은 동일한 통화가 수입과 수출 양쪽 모두에 관여한다는 점이 특징인데, 미국 달러와 유로 모두 이에 해당한다. 한편, 미국 달 러와 유로 간의 극명한 차이는 대부분의 경우 미국 달러는 수입국이 든 수출국이든 국내에서는 사용되지 않으며 주로 무역 결제 수단으 로 사용된다는 점이다. 미국 달러는 글로벌 통화인 반면 유로는 유럽 연합EU 내의 지역 통화로 지배적이라고 생각할 수 있다.

미국 달러가 기축통화·국제통화가 될 수 있는 이유를 근거로 기 축통화·국제통화가 되기 위한 조건을 알아보자.

첫 번째는 발행국인 미국의 전후 세계 경제에서 경제적, 군사적 우 위성이다. 국내에서는 법률로 정부가 어떤 통화를 강제적으로 유통 할 수 있다. 그러나 국제 간에 특정한 통화를 유통할 힘을 가지려면 그 통화를 기축통화·국제통화로서 유통하도록 정한 조약이나 협정을 세계 각국에 승인시켜야 한다. 그러한 대화를 나눌 때 경제적·군사적 우위성이 협상력으로 작용한다. 따라서 통화 발행국의 경제적·군사적 우위를 기축통화·국제통화가 되는 조건의 하나로 여긴다.

두 번째는 미국 달러가 가장 마지막 태환화폐였다는 점이다. 전후, 국제 통화 기금International Monetary Fund, 이하 IMF 협정으로 '금 1온스 = 35달러'로 정해짐에 따라 미국 달러는 일정량의 금에 상응하는 가치를 인정받게 됐다. 이로써 자국에서 달러를 사용하지 않는 나라의 국민도 달러의 가치가 금의 양으로 보호된다고 생각해 안심하고 국제 결제나 송금에 달러를 사용할 수 있게 됐다. 즉 어떤 통화가 기축통화·국제통화가 되기 위해서는 세계인이 안심하고 사용할 수 있도록 통화 가치가 어떤 형태로 담보되어 있어야 한다. 그리고 그 통화가 국제통화·기축통화로서의 지위를 차지하는 것을 세계 각국이 인정하는 것이 전제된다.

이 두 가지 조건을 전후 세계 경제 속에서 충족할 수 있었던 통화야말로 미국 달러인 것이다. 그러나 국제금융 시스템의 초석을 이루고 있는 미국 달러의 지배력은 진화하는 지정학적 변화와 미국의 쌍둥이 적자 증가를 기해 재검토되고 있다. 특히 최근 비트코인과 같은 디지털 자산에 대한 관심 증가, 스테이블코인 거래량 증가, 중앙은행 디지털화폐CBDC의 전망은 통화 환경을 크게 변화시킬 가능성이 있다. 이러한 일련의 변화와 혁신이 아직은 초기 단계이지만 글로벌 금융에서 달러의 헤게모니 약화와 강화 양쪽으로 영향을 미칠 가능성을 열어 둔다.

하이에크가 일찍이 예견한 탈국가 화폐의 시대 도래

21세기 초반에는 기축화폐 달러에 대한 신뢰가 강하고 유럽 통합 화폐인 유로 확대에 대한 기대 또한 컸다. 세계 단일 화폐가 실현되는 날도 그리 멀지 않다고 생각했다. 그러나 2008년 리먼 사태 서브프라임 위기로 부동산·금융 시장의 거품이 붕괴하여 금융 불안정성이 노출되었다. 또한, 2009년 그리스 재정 위기 소브린 위기로 유로 분열이 우려되었으며 기업 파산과 실업 증가, 경제 격차 확대 및 빈곤 문제가 두드러지게 되어 세계 단일 화폐의 꿈은 실현에서 멀어지게 되었다. 그런 가운데 2008년에 암호화폐 비트코인이 탄생하고 이더리움과 리플 등의 알트코인이 질적, 양적으로 성장했다. 현재 약 2만 종류의 암호화폐가 존재한다. 또한, 20세기 말에 전 세계적으로 지역화폐 Local Exchange & Trading System가 대안화폐로 검토되었다. 2017년 암호화폐 거품의 형성과 붕괴로 암호화폐에 대한 투기적이고 불안정한 변동성에 대한 우려도 높아졌다. 그 결과 암호화폐가 일종의 '자산'으로 불리게 되고 법정화폐와 연동되는 안정적인 가치를 가진 스테이블코인이 다수 생겨났다. 또한, 지산지소 地産地消·지역에서 생산한 물품을 지역에서 소비에 뿌리를 둔 안정적인 화폐 가치의 실현을 지향하는 각종 디지털 지역화폐나 시티코인 CityCoins[1]이 탄생한다. 이처럼 2010년대 후반 이후 다양한 민간 화폐의 창출과 보급이 이뤄진다. 바로 탈국가 화폐 시대의 도래를 알리는 것이다.

---

1) 이더리움 블록체인상에서 발행된 시티 전용 토큰으로 마이애미와 뉴욕은 시티코인이 출시된 최초의 도시다.

노벨상을 수상한 경제학자 프리드리히 하이에크Fredrich Hayek는 1976년에 저술한 《화폐의 탈국가화Denationalisation of Money》에서 화폐 발행 자유화를 주창한다. 중앙은행은 정치적 제약으로 높은 인플레이션 문제를 해결할 수 없으므로 시장 경쟁을 통해 민간 주체 누구나 화폐를 자유롭게 발행해야 한다는 사상이다. 일반적으로 중앙은행만이 화폐를 발행할 권리를 가지고 있지만, 그 독점 상태를 없애야 한다는 것이 근간에 자리한 사상이다. 하이에크의 사상은 규제 철폐와 민영화를 촉진하는 신자유주의적인 발상에 따랐다.

　현대 세계에서는 어느 나라나 하나의 화폐만을 가지며 법화의 발행은 국가와 중앙은행이 독점하고 있다. 이 제도를 당연하게 받아들이는 사람이 대부분이다. 국가가 화폐 주조권을 독점한 시기는 기원전 6세기 리디아의 크로이소스Kroisos 왕이 통치하기 이전에 일어난 일이라고 한다. 금화의 주조 독점은 관세와 함께 정부의 가장 중요한 특권이 되었고, 아무도 불평하지 않았다. 중세에는 '국가가 화폐 가치를 결정해도 좋다'라는 것을 당연시했지만 이는 아무런 근거가 없는 맹목적인 믿음에 지나지 않는다고 하이에크는 말한다. 하이에크에 따르면 화폐는 정치나 경제학자의 우연한 형편 주의에 맡기기에는 너무나도 위험한 도구이다. 국가가 시뇨리지seigniorage, 화폐 발행에 의한 이익를 추구해 품위가 떨어졌으며 정부가 화폐 발행권을 독점하는 시스템은 본질적으로 화폐의 타락을 초래할 것이라고 우려했다.

　《화폐의 탈국가화》가 쓰인 배경에는 세계공황 후의 재정 적자가 자리한다. 하이에크는 국가의 화폐 발행권 독점이 경제 변동이나 정부 규모 확대의 원인이라고 주장한다. 세계공황이 일어났을 때 미국은 케인스 경제학에 근거해 뉴딜 정책New Deal을 시행했다. 뉴딜 정책은 공공사업을 확대해 대규모 고용을 일으켰고 경기 회복이 일어났다. 이러한 정부 규모의 확대는 비용이 많이 들기 때문에 경기가 회복세로 돌아서면 공공사업을 줄이고 증세를 함으로써 세수를 확보해야 한다. 그러나 경기 회복 후에도 증세 등의 정책은 이뤄지지 않았다. 왜냐하면 낙선을 두려워한 정치인이 공공사업을 계속했기 때문이다. 그 결과 재정 적자 규모가 팽창하게 되었다.

하이에크의 사상은 최근 세계 경제를 볼 때도 중요한 관점을 준다. 수십 년 동안 하이에크의 제안은 실행 가능하다기보다 단순히 흥미로운 아이디어로 취급받았지만, 지금에서는 두 가지 의미로 주목된다.

첫째는 암호화폐와의 관계이다. 암호화폐가 탄생하여 복수의 화폐가 경쟁한다는 것은 하이에크의 철학 그 자체로 해석할 수 있으므로 흥미롭다. 이질적인 복수의 화폐가 품질 경합을 벌인 결과 양화가 악화를 구축하는 화폐 선택 원리가 작동한다. 하이에크의 화폐 자유화론은 "정부가 관리하지 않는 화폐는 단지 제 기능을 다할 뿐만 아니라 바람직한 것"이라는 주장의 이론적 근거가 될 것이다.

둘째는 현실 세계에서 금융 정책과의 관계이다. 리먼 쇼크 이후 각국이 금융 완화 경쟁에 돌입했다. 미국의 양적 완화책, 유로권에서의 남유럽 국채 지원, 일본의 금융 완화, 중국의 리먼 대책에 대한 금융 완화와 불량 채권 발행 등이다. 바로 하이에크가 예견한 사태가 발생했다. 그러나 그에 대한 비판은 없고 오히려 한층 완화하기를 요구하는 목소리가 정치권에서는 압도적이었다.

2

결제 시스템의 디지털화와
신기술의 등장

디지털 적용 대상의 확대: 거래 → 지급 방식 → 화폐

고대 메소포타미아에서는 함무라비 법전에서 볼 수 있듯이 다양한 재화의 가치 척도에 은이 이용되고 있었다고 한다. 미크로네시아에 있는 얍섬에서는 거대한 돌이 화폐로 사용되어 왔다. 우리가 매일 사용하는 네이버페이, 카카오페이, 삼성페이 등 현대 통화의 대부분은 디지털화되어 있다. 디지털 거래가 최근 몇 년간 일어난 새로운 현상이라고 생각할지 모르지만, 은행 예금도 따지고 보면 디지털 거래의 일종이다. 은행 계좌의 잔액은 통장에 쓰인 숫자로 표현되어 있을 뿐 가상의 존재에 불과하다. 그것을 이체나 인출의 형태로 지급에 이용한다. 은행 이체로 급여를 받고 아파트 관리비가 계좌에서 매월 자동으로 빠져나가도록 설정해 놓는 것도 현금이 일절 개입하지 않는 디지털 거래에 해당한다. 지급 거래에 사용하는 화폐는 기술의 진보와 함께 변해 현재는 눈에 보이지 않는 전자 데이터를 주고받는 관행이 우리 삶에 깊이 침투해 있다.

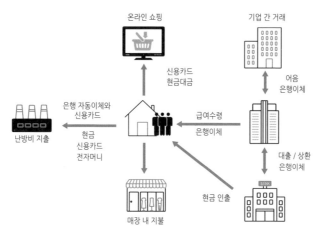

경제 활동과 지급 결제 수단의 흐름

세상에서 다양한 것들이 '디지털화'되고 있다. 정보 서적·음악 등의 디지털화, 업무의 디지털화디지털 트랜스포메이션, 경제의 디지털화 등의 단어가 신문 지면을 덮고 있다. '디지털화'는 원래 표시 형식을 아날로그에서 디지털로 바꾼다는 것을 의미하는 단어였지만, 지금에 이르러서는 새로운 가치를 창조하는 활동을 설명하는 상위 차원의 개념예, 경제의 디지털화으로까지 확대되었다.

'디지털화'의 대상으로 '화폐'를 삼은 것이 '디지털화폐'이다. '과연 무엇을 디지털화할 것인가?'라는 질문은 논외로 삼은 결과, 혼동과 오해를 불러일으키는 것도 사실이다. 역사적으로 보면 전자상거래를 통한 (1) '거래 방식의 디지털화'가 진행되는 가운데 거래 프로세스 중에서 생겨나는 대금의 지급을 디지털화하는 (2) '지급 방식의 디지털화' 시도가 생겨났다. 그리고 뒤이어 그 연장선상에서 결제 프로세스에서 생겨나는 문제점을 해결하는 수단으로서 (3) '화폐의 디지털화'가 진행되고 있는 중이다.

디지털화폐라는 용어에 명확한 정의는 없다. 일반적으로 '디지털 데이터로 변환되어 통화로 사용할 수 있는 것'으로 설명한다. 현금이 아닌 전자화폐, 암호화폐, 스테이블코인, CBDC 등은 모두 디지털화폐의 범주에 속한다. 그러나 역사를 거슬러 올라가면 암호화폐, 스테이블코인, CBDC가 존재하지 않았던 인터넷 보급 초기 시절에는 '현금이 아닌 지급 수단 = 전자화폐 = 디지털화폐 = 전자머니'라는 개념이 통용됐다.

디지털화폐는 이미 다양한 맥락에서 존재한다. 위챗WeChat과 알리페이Alipay 등의 디지털 월렛은 중국의 결제 시스템에서 지배적인 존재가 되었다. 아프리카에서는 이동통신 사업자인 사파리콤Safaricom이 엠페사M-Pesa와 같은 송금 서비스로 성공을 거두었다.

디지털 기술의 확산과 수천만 명의 사용자를 거느린 디지털 플랫폼의 출현은 금융 시스템의 구조와 돈의 본질을 근본적으로 변화시키고 있다. 은행 계좌와 은행 계좌에 연결되어 일어나는 지급 결제는 이미 전자적인 형태로 존재하므로 화폐 자체의 디지털화는 새로운 현상이 아니다. 그러나 새로운 디지털화폐는 국경을 초월하는 대규모 기술 플랫폼을 뒷받침할 수 있다. 이러한 화폐의 출현은 통화 경쟁의 성격, 국제 통화 시스템의 구조, 국가가 발행하는 화폐의 역할을 변화시킬 수 있다.

본문에서는 전자화폐와 디지털화폐를 분리해서 논하도록 한다. 전자화폐가 통화의 보조적, 대용 수단으로 출현한 것이라면 디지털화폐는 블록체인 기술의 부상과 더불어 그 개념이 형성되기 시작했기 때문이다.

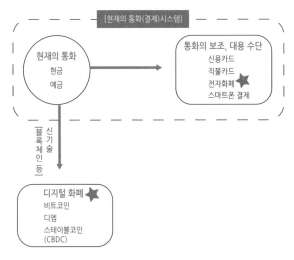

통화(결제) 시스템의 현상과 변화의 방향성

전자화폐는 현금, 예금, 신용카드 등을 통해 입금 혹은 충전하여 현금을 데이터로 전환하고 통신온라인을 통해 전자 데이터를 교환함으로써 현금과 동일한 방식으로 상품 및 서비스 비용을 지급할 수 있는 무현금 결제 방식이다. 전자화폐의 잔액은 중앙은행 및 상업은행의 화폐와 동일한 통화로 표시된다. 법적 정의에 따르면, 전자화폐는 잔액이 발행자에 대한 채권이라는 것이 요건이다. 전자화폐의 거래 기록과 잔액은 금융기관 등 신뢰할 수 있는 기관에 중앙집중식으로 저장된다.

한편, 디지털화폐는 개인이나 기관의 채무가 아니다. 또한, 본질적으로 가치가 없으며 나중에 상품, 서비스 또는 돈으로 교환될 가능성이 있다고 생각하는 경우에만 가치가 생긴다. 따라서 디지털화폐는 대부분의 법 테두리에서는 전자화폐의 법적 정의를 충족하지 못한다. 디지털화폐에서는 새로운 단위의 설정이나 작성총공급량의 관리은 일반적으로 컴퓨터 프로토콜로 결정한다.

오늘날 모든 국가의 법정화폐는 세 가지 주요 기능계산 단위, 지급 수단, 축적 수단을 충실히 수행한다. 그러나 화폐의 교환 비용을 크게 줄인 디지털화로 이 기능들이 분리될 수도 있다. 만일 하나의 디지털화폐에서 다른 디지털화폐로 전환하는 데 드는 비용이 적다면 계산 단위, 지급 수단, 축적 수단으로 동일한 통화를 사용할 필요가 없다. 사용자는 A라는 디지털화폐로 저축하고 B라는 디지털화폐를 지급 수단으로 사용할 수 있다. 결과적으로 디지털화폐의 전문화와 차별화 현상이 두드러지게 된다. 오로지 계산 수단 혹은 축적 수단 등 특정한 기능에만 특화된 디지털화폐가 출현해 배타권을 놓고 서로 경쟁할 수도 있다.

도매 결제와 소매 결제

돈은 교환 수단, 가치의 척도, 가치의 보존이라는 세 가지 기능을 통해 결제자금 이전라는 중요한 역할을 담당해 왔다. 일반적으로 자금 결제는 ① 개인이나 기업과 같은 사용자, ② 시중은행, ③ 중앙은행한국은행의 3개 층으로 형성되어 있다. 이 중에서 ①과 ② 간에 이뤄지는 결제를 소매 결제소액 결제라고 하며, ②와 ③ 간에 이뤄지는 결제를 도매 결제 거액 결제라고 한다. 일반적으로 소매 결제에서는 개인·기업 간의 자금 결제예금, 대차, 이체 등를 시중은행이 처리하고, 도매 결제는 시중 은행 간의 계좌이체가 중앙은행에서 일어난다. 즉 소매 결제에서 개인·기업 간의 자금 이동을 도매 결제에서 은행 간의 자금 이동을 통해 실현하고 있는 셈이다. 도매 결제와 소매 결제의 시스템은 크게 다르다. 거래 건수 면에서는 소매 결제가 90%를 차지하지만, 거래 금액 면에서는 1% 정도에 불과하다.

한편, 소매 결제 시스템은 전자 결제, 카드 결제, ATM으로 진화해 왔지만, 1990년대 이후는 디지털 혁신으로 웹·모바일 결제, 나아가서는 대규모 플랫폼 기업에 의한 결제 서비스 진입으로 선불형 전자머니 e-money 결제가 급증하고 있다. 현금 결제 이외의 결제 방식 특성을 매체, 원천이 되는 돈의 종류, 지급 시점으로 분류하면 다음과 같다.

매체	원천이 되는 돈	지급 시점	사례
계좌 이체	예금	실시간	
신용카드	예금	후불	비자, 마스터카드 등
직불카드	예금	실시간	
선불카드 (전자화폐)	현금, 예금	선불	충전형 결제 수단 (카카오페이, 네이버페이, 티머니 등)
상품권	현금, 예금	선불	온누리 상품권, 백화점 상품권

비현금 결제수단의 종류

계좌 이체는 금액만 놓고 보면 현재도 가장 지배적인 결제 수단으로, 현금을 사용하지는 않지만 디지털화 이전부터 사용해 왔다. 신용카드, 직불카드는 지급 시점이 후불과 즉시 지급이라는 점에서는 다르지만 예금계좌를 사용한다는 점에서는 공통적이다.

한편, 전자화폐는 선불카드로 현금·예금 양쪽으로 충전되는 점, 그리고 선불이라는 점이 신용카드나 직불카드와 다른 새로운 매체다. 지역화폐처럼 지금도 꾸준히 사용되고 있다. 그 외에도 온누리 상품권, 스타벅스 상품권 등과 같은 상품권이 있는데 입금 원천과 지급 시점은 전자화폐와 공통되지만, 지류와 디지털이 혼재하는 분야다. 계좌 이체와는 달리 카드 발행 주체인 결제 서비스 회사가 소비자의 구매 이력이라는 개인정보를 이용할 수 있다.

국내에서는 소위 '발에 채는 것'이 은행 지점일 정도로 은행이 흔하지만, 전 세계적으로 보면 결제 서비스에 접근할 수 없는 가계·기업이 여전히 적지 않은 것이 현실이다. 저소득 국가는 물론 미국과 같은 선진국에서도 사회 계층이나 인종에 따라 30% 이상이 은행 계좌를 가지고 있지 않다2017년. 은행 계좌가 없으면 계좌 이체는커녕 카드 사용도 제한된다.

소액 결제 서비스의 비용은 상대적으로 높고 지급 수단이나 경쟁의 정도에 달려 있다. 일반적으로 신용카드 이용 비용이 많이 들고, 은행이 경쟁적이지 않은(예금 금리 차이가 큰) 나라일수록 결제 서비스는 비용이 많이 드는(지급 서비스 수익의 GDP 비율이 높은) 경향을 보인다. 결제 수단에서는 현금, 직불카드, 신용카드로 참여 주체가 많을수록 수취 업자가 지급하는 비용이 커지고 결제 금액이 소액일수록 비용이 든다. 즉 결제 서비스는 영세 사업자와 저소득 이용자일수록 비용이 비싸다는 셈이다.

국경을 넘는 결제 서비스가 되면 지급·수취 양측의 신용 확인에 인건비와 시간이 들기 때문에 수수료가 비싸진다. 취급 비용도 들지만 은행 간 경쟁이 부족하기 때문이다. 현금으로 해외 송금에 드는 비용은 평균적으로 송금액의 10%, 은행 간 송금에서도 평균 6%, 아프리카 등 송금 경로가 부족한 저소득 국가의 비용은 평균을 넘는다. 국가 내부라면 즉시 결제가 가능해지고 있지만 대외 결제에는 며칠이 소요되는 등 서비스의 질적인 면에서도 비용을 낮추기 위해 경쟁을 촉진할 여지가 크다.

돈의 진화와 마찬가지로 결제 수단도 변용을 거듭해 왔으며 변용의 속도도 빨라지고 있다. 특히, 결제 서비스는 기술 혁신의 영향을 강하게 받는다. 가계나 기업이나 보다 안전하고 신속한 서비스, 모바일로 즉각적인 대응이 가능한 디지털 결제를 추구한다. 이에 대응하기 위해 등장한 것이 비트코인 등의 암호화폐, 메타구 페이스북가 제창한 '리브라'와 같은 민간 차원의 글로벌 통화스테이블코인이다.

발행 주체의 유무	발행 주체 및 발행 형태		가치의 뒷받침	접근 채널	분류	사례
있음	민간		법정통화	금융기관	디지털 통화	• JPM코인 • USC
			법정통화 (금, 원유 등 상품의 가치를 연동하는 경우 포함)	금융기관 이외	스테이블 코인	• USDT • USDC • 리브라
	중앙은행	직접	정부의 신용력 (불환통화)	중앙은행	CBDC	• 리테일(소매형) • 홀세일(도매형)
		간접 (금융기관 경유)		금융기관 경유		
없음	프로그램		-	원칙적으로 누구나 사용 가능	암호화폐	• 비트코인 • 이더리움

디지털화폐의 비교

전자화폐의 실패: '편의성'만이 신용의 기초

전자화폐가 주목받은 것은 1990년대 중반으로 세계 각국에서 전자화폐의 대규모 실증 실험이 진행되었지만 일반 사용자들 사이에서 인지도가 낮았고 기술도 미성숙했기 때문에 널리 사용되지 못했다. 전자화폐는 통화의 역사에서 보면 세 번째 물결이었다.

　고대 화폐에서 금속화폐까지가 첫 번째 물결을 형성한다. 첫 번째 물결에서 통화 가치의 본질은 소재 그 자체에 있었다. 인류는 화폐의 등장으로 본격적인 분업 체제로 이행해 생산력을 대폭 향상할 수 있었다. 두 번째 물결은 현재 우리가 사용하는 종이돈이다. 지폐는 종이에 숫자를 인쇄한 사물이기 때문에 처음부터 정보 그 자체였다. 금은 등의 금속화폐는 산출량 이상으로 증가시킬 수 없지만 지폐는 얼마든지 찍어낼 수 있다. 또한, 지폐에는 신용창조의 작용이 있다. 발행된 지폐가 동시에 모두 금으로 교환되는 일이란 사실상 있을 수 없다. 따라서 일정량의 금이 준비되어 있다면 몇 배에 해당하는 지폐를 인쇄할 수 있다. 또한, 닉슨 쇼크 이후 미국 달러 지폐는 불환지폐가 되었다. 미국이라는 국가의 중앙은행 신용으로 지폐를 인쇄할 수 있게 된 것이다. 인류는 신용창조 덕분에 경제 활동을 몇 배나 늘릴 수 있었으며 고도의 경제 성장도 누릴 수 있게 되었다. 이러한 역사를 경험하고 세 번째 물결인 전자화폐가 등장했다. 전자화폐도 정보이지만 화폐와의 차이점은 통신할 수 있는 가치라는 점이다. 네트워크 위를 빛의 속도로 보낼 수 있는 돈, 그것이 전자화폐이다.

　전자화폐의 분류에 자주 사용되는 개념 중 하나가 돈을 넣는 장소다. IC 카드에 넣는 유형을 IC 카드형, 컴퓨터의 하드디스크에 넣어 네트워크상에서만 사용하는 유형을 네트워크형이라고 한다. 또 다른 분류는 이용 방식이다. 발행된 전자화폐가 한 번 사용되면 바로 은행으로 환류하는 타입을 폐쇄형, 사람에서 사람으로 옮겨 다니면서 유통되는 타입을 개방형이라고 한다. 폐쇄형은 돈이 이동하면 반드시 은행을 거치기 때문에 처리 비용이 들고 익명성이 보장되지 않는다. 그러나 돈의 흐름은 추적하기 쉽다. 개방형은 현금에 가장 가까운 속성을 가진다. 익명성이 있고 네트워크가 없는 환경에서도 이용할 수 있기 때문에 인프라 비용을 낮출 수 있다. 한편, 돈의 움직임을 추적하는 능력은 낮다.

전자화폐 종류	정의	개방형	폐쇄형
스마트 카드형 (IC 카드형)	IC 카드와 전용 단말기 등의 하드웨어 장치를 이용하여 카드에 금전적 가치가 있는 정보를 저장하여 전자 지갑으로 사용	몬덱스 (Mondex)	비자캐시(VisaCash), 케이캐시(K-Cash), 에이캐시(A-CASH), 마이비(MYbi)
네트워크형	사용자의 컴퓨터 또는 서비스 제공자의 서버에 저장된 소프트웨어로 암호화 기술을 사용하는 방법		이캐시 (E-cash)

전자화폐 종류

① 국내 전자화폐 5인방

국내에서 전자화폐에 대한 논의가 시작된 것은 1990년대 중반부터다. 1996년 금융정보화추진분과위원회에서 금융 기관 공동의 전자화폐 도입을 결의했다. 이후 1998년에서 2000년까지 몬덱스, 비자캐시, 케이캐시, 에이캐시, 마이비 등 전자화폐 '5인방'으로 일컬어지는 업체들이 설립되면서 본격적으로 사업이 추진됐다. 국내에서는 IC 카드형 카드만이 발행되었다. 그러나 2006년도에 전자화폐 시장이 막을 내리게 되었다. 수백억 원의 전자화폐 결제 인프라를 쏟아부어야 했지만 실제로는 그럴 여력이 없었고, 그러다 보니 자연스럽게 수익 창출에 실패하는 악순환을 거듭했기 때문이다. 또한, 전자화폐와 경쟁 관계에 있는 후불 교통카드 겸용 신용카드와 선불 교통카드가 전자화폐 수요를 대체하고 있었기 때문이다.

회사명	몬덱스코리아	비자캐시코리아	에이캐시	케이캐시	마이비
주요 참여사	마스터카드, 국민은행, 농협, 삼성카드, 국민카드, 비씨카드	비자코리아, SK텔레콤	LG카드, 삼성카드, 국민카드	금융결제원 11개 은행, 삼성카드	부산은행, 롯데그룹
설립 시기	1998년 12월	2000년 6월	2000년 7월	2000년 6월	2000년 9월
서비스 지역	삼성역 부근 전국 PC방	롯데리아 등 체인점	수원, 경기서북부, 원주 등	서울 역삼동, 춘천	부산, 전북, 대구
제휴 카드	트레이드패스, 몬덱스패스, KTF멤버스카드	모네타카드, 비지온리	원주드림카드, 수원시교통카드, 학생증겸용카드	은행제휴카드	디지털부산카드, 디지털울산카드, 신명이카드
발급 목표	100만 장 발급	330만 장 보급	300만 장 보급	100만 장 보급	100만 장 발급

지금은 사라진 국내 전자화폐
출처: IT Daily (2022.03.31)

② **영국 몬덱스** Mondex

몬덱스는 1993년 영국의 두 주요 은행인 내셔널 웨스트민스터 은행National Westminster Bank과 미들랜드 은행Midland Bank의 합작 투자로 설립되었다. 몬덱스 인터내셔널이라는 공동 조직이 몬덱스 전자화폐의 발행 주체였다(1996년 11월, 마스터카드에 인수). 내셔널 웨스트 민스터 은행 내부에서 추진하고 있던 새로운 전자카드의 연구 개발 담당자가 90년경에 카드 자체에 암호 기능을 탑재한 몬덱스 카드에 대한 아이디어를 내놓았다.

몬덱스는 전 세계에서 통용되는 것을 목표로 개발한 시스템으로, 하나의 카드에 최대 다섯 종류의 통화를 저장할 수 있는 구조로 되어 있었다. 모양은 신용카드와 같지만, 신용카드는 신용을 기반으로 지급이 나중에 이뤄지며 카드 자체에 화폐가 내장된 것은 아니다. 이에 반해 몬덱스는 스마트카드로 구성된 디지털 금융 시스템으로 돈과 관련된 모든 것, 즉 가치의 저장 및 이동이 스마트카드의 칩 내에서 이루어진다는 참신한 아이디어를 기반으로 삼았다. 당시에 세상을 놀라게 한 것이 바로 이 점이었다.

몬덱스는 1995년 7월 영국의 스윈던Swindon, 인구 17만 명에서 일반 소비자 4만 명, 약 1,000개 점포가 참가하는 대규모 실증 실험을 시작했다. 카드형 전자화폐로, 내장된 IC에 몬덱스 화폐가 보관되어 있었다. 몬덱스는 1:1 비율로 영국의 파운드로 구매한다. ATM이나 전용 전화 회선을 이용해 카드에 몬덱스를 저장한다. 참여 매장에서는 몬덱스 카드로 지급이 가능하다. 잔액은 밸런스 리더기로 확인해 부족하면 충전한다.

몬덱스는 민간 사업의 형태를 취하고 있었지만 영국의 국가적 의사를 반영한 것이었다. 당시 스윈던에서는 주차장에서도 몬덱스로 요금 지급이 가능했다. 하지만 작은 매장에서는 몬덱스용 레지스터가 먼지가 쌓인 채로 한쪽 구석에 놓여 있는 경우가 많았다. 즉 실제 보급에는 한계가 있었던 것이다.

전자화폐가 과연 현실의 화폐처럼 시장에서 자유롭게 유통될 수 있느냐가 당시 최대의 문제로 거론됐다. 그러나 예상과는 달리 몬덱스에서는 전자월렛을 사용하면 직접 다른 사람에게 몬덱스를 전달할 수 있고 밸런스 리더기로 잔액을 언제든지 확인할 수 있었다. 그렇다고 해도 밸런스 리더기와 월렛을 모두 휴대하고 다녀야 했다. 지갑보다 무거웠다. 몬덱스의 철학은 카드 1장으로 모든 것이 가능한, 지갑이 필요 없다는 개념이었지만 현실적으로는 휴대 기기가 필요했다.

몬덱스 최대의 난점은 위조를 방지할 수 없다는 점이었다. 위조된 전자화폐는 진짜와 똑같았다. 일단 위조되면 위조를 차단할 방법은 없었다. 피해를 최소화하기 위해 인출 금액 한도는 500파운드로 정했다. 치명적인 난점이었다. 몬덱스는 화폐가 물 흐르듯이 유통되는 데 필요한 최고의 기능은 갖추었지만, 위조는 막대한 장애물이었다.

원래 IC 카드의 전자화폐를 결제에 사용하는 계층은 소매업과 소비자이다. 그러나 이 두 계층을 흡수하는 데 실패했다. 작동도 낯선데다가 매출 증가로 이어지지 않는 새로운 장치를 카운터 아래에 숨겼다고 한다. 소비자로서는 어떠한 혜택도 없는, 어디에서 사용할 수 있을지도 모르는 IC 카드를 잊어 버리는 것이 당연했다.

③ 네덜란드 이캐시 E-cash

네덜란드의 디지캐시 DigiCash가 출시한 이캐시 E-cash는 가장 먼저 시장에 등장한 전자화폐였다. 이캐시는 1994년 실험을 시작했다. 1995년에는 미국 미주리주의 마크트웨인 은행 Mark Twain Bank이 이캐시를 도입했다. 이용 범위는 인터넷상에 개설된 가상의 매장이었다. 송금을 하려면 비밀키와 공개키를 이용하는 등 당시로서는 획기적인 기술을 사용했다. 또한, 한 번 사용한 이캐시는 안전성과 익명성 관점에서 두 번 다시 사용할 수 없는 구조였다. 카드형보다 장래성이 있는 것 아니냐는 의견도 있었다. 화폐의 디지털화라는 점에서는 카드 발급조차 필요하지 않은 이캐시가 흥미를 끌었다. 그러나 사용자 수가 늘지 않아 결국 1998년 9월 서비스를 중단하기에 이르렀다.

화폐의 디지털화가 성공하면 높은 천장과 거대한 건물로 상징되는 은행의 업무는 한 대의 컴퓨터로 가능하다. 은행 본사의 높은 천장은 '신용'의 증거다. 그러나 전자화폐에 대한 신용은 시스템에 대한 신뢰이다. 전자화폐에서는 편의성만이 신용의 기초다. 새로운 시스템이 사회에 침투하는 정도는 평범한 사람들이 그것을 사용하기를 원하는지 여부에 달려 있다. 전자화폐 시스템은 사용하고 싶게 만드는 매력이 부족했다.

Ecash
- DigiCash사에서 개발 (현재 미국 e-Cash Technology 사에 흡수)
- 데이비드 차움(David Chaum)의 은닉서명 기술을 이용하여 온라인상에서의 완전한 익명성을 제공
- RSA 공개키 암호 방식 이용
- 사용자 전자지갑인 Cyberwallet과 Merchant 소프트웨어 필요
- 은행은 e-Cash의 이중사용 방지를 위하여 기 사용된 e-Cash 일련번호를 DB로 관리하여야 함

몬덱스	이캐시
출처: flickr	출처: 중부대학교 정보보호학과

진입은 쉽지만, 탈출은 어려운 플랫폼의 금융 서비스

은행이 가진 강점은 신용 창출 외에, 대출을 신청하는 측의 신용도

정보 보유와 담보 설정 기능이다. 은행은 신용카드, 주택 담보대출, 투자 조언 등 금융 서비스 제공에 근간이 되는 데이터를 보유한다. 그런데 이 영역을 잠식해 온 것이 플랫폼 기업 혹은 핀테크이다. 전자 상거래, 인터넷 서비스 기업_{배달, 차량 공유 등} 등이 소비자 행동에 관한 빅데이터를 바탕으로 결제 사업에 진입해 왔다. 금융 서비스에 접근 성이 떨어지는 국가의 저소득층에게도 서비스를 제공한다는 의미에 서 '금융 포섭financial inclusion'의 추진을 내건다. 사하라 이남 아프리 카, 동남아시아 등 은행 시스템이 발달하지 않은 개발도상국에서는 이들이 기존의 금융 기관을 립프로그leaf frog, 개구리 점프해서 경제생 활 전반에 금융 서비스를 보편시킬 여지가 크다.

규제 때문에 거액의 고정 설비가 필요한 은행과 달리 비교적 규제 로부터 자유로운 플랫폼 기업이나 핀테크는 풍부한 소비자 정보의 축 적이라는 강점을 살려 금융 서비스를 제공한다. 이것은 은행에도 경 쟁 압력으로 작용해 사회적 편익이 있는 반면에, 은행과 마찬가지로 현금 인출 사태가 현실화될 때 은행 시스템과 달리 '최후의 보루'가 존재하지 않는다는 위험이 도사린다. 또한, 방대한 양의 개인 데이터 를 수집하고 경쟁 우위를 이용해 끼워 팔기, 알고리즘 조작 등으로 경 쟁 기업을 탈락시키고 경쟁 제한으로 이용료 하락을 통제할 수 있다.

일반적으로 통신·금융 등 전통적인 네트워크 산업의 특성은 ① 네트워크 외부 효과, ② 규모 및 범위의 경제성, ③ 네트워크 구축을 위한 대규모 고정 설비, ④ 낮은 한계 비용이다. 디지털 플랫폼의 경 우는 ③을 제외한 모든 특성에 더해 ⑤ 대량의 이용자 데이터와 ⑥ 서비스 간의 강한 보완성이 추가된다. 결제 서비스 등은 플랫폼 사업자의 부가적인 사업 영역 중의 하나에 불과하다.

결제 서비스의 네트워크 이용은 이용자가 진입할수록 가치가 커진다. 이것이 네트워크 효과[2]다. 한편, 공급자 간의 경쟁은 서로의 이용자를 증가시키는 '전략적 보완성'을 갖는다. 데이터 집적, 네트워크 효과, 보완적 경쟁 행동 이 세 가지 간의 순환이 경쟁자를 배제하고 그 결과 소수의 거대 기업이 탄생하기 쉬운 구조다.

개인의 취향이나 선호도 등에 관한 정보가 제대로 활용된다면 가장 큰 수혜를 입는 주체는 소비자 자신이다. 그러나 개인에 관한 도를 넘는 정보예, 개인 SNS 계정에 올린 콘텐츠가 플랫폼에 모이게 되면 '권력의 전환'이 일어난다. 소비자에게 서비스를 제공하는 플랫폼이 정보 우위를 점하게 된다. 보험회사는 고객 자신보다 고객에 대해 더 많이 알 수 있다. 빨간 차를 좋아한다면 보험 가입 시 더 높은 보험료를 내야 할 수도 있다. 보험사들은 빨간 차를 탄 운전자들이 더 공격적으로 운전하고 사고가 더 자주 발생한다는 데이터를 많이 갖고 있기 때문이다.

플랫폼은 사용자에 대해 더 많이 알고 사용자의 활동을 추적, 동기 부여, 제한할 수 있는 역량이 뛰어나다. 따라서 플랫폼은 중앙은행보다 더 강력한 디지털 결제 통제력을 가지게 된다. 그 결과 시장지배력의 집중으로 승자독식으로 흘러감에 따라 공평한 경쟁의 장이 훼손될 우려가 있다. 플랫폼에 진입하는 비용은 지극히 낮아 사용자를 유치하는 데 도움이 되는 반면, 플랫폼을 떠나려면 사용자는

---

2) 더 많은 사람이 사용할수록 서비스 품질이 향상되어 더 많은 사람들을 끌어들이는 효과

너무나 큰 대가를 치러야 한다. 체크인은 쉽지만 체크아웃은 어려운 숙박업소라고나 할까?

다음 그림은 대형 은행, 신용카드 회사, 빅테크의 성장을 창업 이후의 연수와 현재 시장 가치의 관계로 비교한 것이다. 거대 디지털 플랫폼 기업빅테크의 급격한 성장 궤적은 기존 금융 기관과 현격한 차이가 있다. 창업한 지 채 20년도 안 되는 기업이 창업 150년이 넘는 거대 은행 시장 가치의 3~10배의 시장 가치를 달성하고 있다.

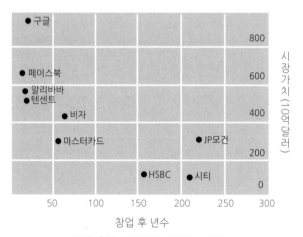

대형 은행, 카드회사, 빅테크의 성장
출처: BIS, Annual Report (2020), Graph III

여기에서는 기존 부문과 신규 진입 부문 사이에서 결제 서비스 시장의 효율성·경쟁성과 기술 혁신의 균형을 어떻게 맞출 것인가, 그리고 그러기 위해서는 어떠한 규칙을 설정하고, 그것을 어떻게 준수해 나갈 것인가가 정책상의 과제가 된다.

Part **3**

사회의 디지털화와
화폐의 디지털화

1

비트코인이 디지털 자산의
반열에 이르기까지

신용 없는 세상에 인위적인 신용을 만들어 준 비트코인

2008년 나카모토 사토시라는 정체불명의 인물이 논문 한 편[1]을 인터넷에 발표했다. 인터넷에서 사용할 수 있는 '전자 현금 시스템 electronic cash system'을 만들어 은행 등에 의존하지 않고 전 세계로 자금을 보낼 수 있다는 제안이었다. 사토시는 2009년 본인의 아이디어를 구현하는 프로그램을 공개하여 협력자를 모집한 후 실험에 착수했다. 그 실험이 거액의 가치를 갖는 인프라로 변모해 지금도 운용되고 있는 비트코인이 되었다.

---

1) https://bitcoin.org/bitcoin.pdf

블록체인은 암호화된 거래 기록을 모든 사람이 나눠 갖는 분산원장 시스템이다. 이 메커니즘 때문에 원장 하나가 위변조되더라도 다른 원장은 위변조할 수 없다. 이러한 장부 프로그램을 점점 견고하게 만들어 가는 마이너miner, 채굴자한테 그 대가로 비트코인을 나눠 준다. 중앙 권력이 없어지더라도 신용경제가 기능한다는 것은 대단히 중요한 의미를 갖는다. 사토시는 블록체인에서 이 아이디어를 구현할 수 있음을 입증했다. 애초에 장부 기록이 중요한 이유는 타인을 신뢰하는 인간 본성에 바탕을 두고 있기 때문이다. 돈의 기원은 사람들이 경제적 거래를 할 때 실시간으로 물물교환하는 것이 아니라 무엇을 주고받고 가치와 수량을 기록하는 시스템이었다. 그 기록과 한 사람 한 사람의 신뢰를 바탕으로 언젠가는 되돌려 줄 것임을 '신뢰한다'는 뜻이다. 이것이 돈이 위대한 발명품이라고 불리는 이유다.

비트코인은 공개키 암호화 기술 기반의 디지털 서명을 이용하여 권리자의 의사를 확인하면서 인터넷상에서 개인 간의 송금을 익명으로 처리한다. P2Ppeer to peer 네트워크를 사용하여 시스템 전체에 중앙화된 기관이 존재하지 않으므로 그 누구도 정보를 독점하지 못한다는 발상에서 만들어진 결제 시스템이다. 이러한 사상은 가히 혁명적이었다. 안정성을 최고의 가치로 떠받드는 금융 업계에서는 고성능, 고가의 중앙 서버가 필요하다는 것이 상식이었지만, 비트코인은 저렴한 PC를 사용해 구축할 수 있었기 때문이다. 그러나 이러한 결제 시스템이 실제로 기능하려면 이중 사용의 문제를 해결해야 한다. 종이나 금속을 건네주는 현금 거래와 달리 비트코인은 정보이므로 일단 지급에 사용한다고 해도 그 정보 자체는 지급한 사람한테 남는다. 이중 지급 문제 double spending problem 는 사용자가 동시에 두 개의 다른 거래에서 동일한 비트코인을 사용하려고 할 때 발생한다. 따라서 그 정보가 다시 사용될 가능성을 원천적으로 막지 못한다면 실용성 있는 결제 구조라고 할 수 없다.

　그런데 특정한 주체의 이중 지급을 감시하는 구조를 두게 되면 '중앙화된 기관이 없다'는 이념에 반하게 되고 이를 유지하는 비용도 든다. 따라서 비트코인에서는 사용자 누구나 거래 내용을 검증할 수 있도록 했다. 그렇다고는 해도 사용자가 이중 사용 행위의 검증자 역할까지 겸하면 자신의 불법적인 거래 행위를 승인할 우려가 있다. 따라서 검증 과정에 참여하려는 자한테는 일정한 조건을 충족하는 해시 값을 찾는 특수한 연산 작업을 시키고, 그 작업을 가장 먼저 완수한 사람을 최종 검증자로 채택하기로 결정했다. 이렇게 특수한 연산 작업을 통해 쇠사슬이 연결되는 새로운 형태의 블록이 생성된다. 이러한 작업을 '채굴 마이닝'이라 부르며, 채굴에 참여하는 주체를 '채굴자 마이너'라고 부른다. 채굴자한테는 채굴 작업을 수행하는 대가로 비트코인을 신규로 발행해 준다는 구조가 고안되었다. 누가 가장 먼저 작업을 완수해서 보상받을지 경쟁하는 구조이다 보니 채굴 경쟁이 펼쳐진다. 이러한 일련의 메커니즘이 블록체인 기술의 원형이다.

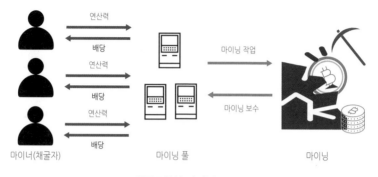

비트코인의 마이닝 구조

또한, 공개키 암호화에 의한 디지털 서명 기술을 이용하면 사용자가 개인키와 공개키를 쌍으로 생성한 후 공개키를 공개해야 한다. 비트코인이 출현하기 이전에는 이 공개키가 어떤 사용자와 연결되는지를 증명하기 위해 인증 기관Certificate Authority, 이하 CA의 디지털 서명을 사용하는 공개키 기반 구조 Public Key Infrastructure, 이하 PKI를 사용했다. 그러나 PKI 방식은 구축 비용이 들고 '중앙화된 기관이 없다'는 사상과 대치된다. 따라서 PKI를 구축한 시점에 이용자의 익명성은 사라지게 된다.

따라서 비트코인에서는 사용자의 공개키를, CA를 통해 인증하는 게 아니라 공개키 자체를 주소로 사용하기로 했다. 정확히 말하면 공개키를 두 번 해시함수에 곱하고 해시값을 영어와 숫자로 인코딩한 것을 이용한다. 현재 암호화폐의 주소로 사용하는 약 30자리의 영어와 숫자의 배열은 이러한 경위에서 탄생한 것이다. 이 주소는 사용자의 이름 등의 정보를 전혀 포함하지 않지만, CA를 사용하지 않더라도 비트코인의 소유자를 식별할 수 있고, 소유자가 공개키에 대응하는 개인키를 보유하고 있음을 입증하기도 쉽다. 이 방식으로 제삼자의 힘을 빌리지 않고도 익명으로 송금을 구현할 수 있게 됐다.

이렇게 해서 비트코인은 시스템의 안정적인 운용과 거래 내용의 검증에 필요한 자원을 자급자족으로 충당할 수 있게 됐다. 중앙기관이 없는 시스템이 외부의 도움 없이 오랫동안 가동될 수 있었던 이유는 이러한 구조적 특성에 기인한다. 비트코인의 이러한 기술적 구조는 정보 기술에 도통한 사람한테는 특히 매력적으로 느껴졌을 것이다. 개발 초기에는 일반인한테 알려지지 않았지만 일부 마니아층 사이에서는 지적인 실험이 조용히 계속되고 있었다.

2010년 5월 22일 피자가 촉발한 암호화폐 혁명

플로리다의 프로그래머인 라슬로 한예츠 Laszlo Hanyecz는 2009년부터 암호화폐 채굴을 시작한 비트코인의 얼리 어답터였다. 한예츠는 상당한 양의 비트코인을 모았지만 비트코인의 실제 사용 사례가 없었기 때문에 비트코인이 통화로 사용될 수 있다는 것을 증명하고 싶었다. 2010년 5월 18일 라슬로는 비트코인 토크 포럼에 '1만 비트코인을 줄 테니 라지 사이즈 피자 두 판을 사줄 사람을 찾는다'라는 글을 올렸다. 당시 비트코인이 출시된 지 1년 반밖에 되지 않았던 터라 처음에는 별다른 반응이 일어나지 않았다. 그 후 나흘이 지나고서야 저코스 Jercos라는 가명의 영국인이 한예츠를 대신하여 피자를 주문하는 데 동의했다. 한예츠는 1만 비트코인을 저코스에게 송금했고 저코스는 피자값 25달러를 지급하고 파파존스에서 피자를 주문해 주었다. 이로써 비트코인을 사용한 최초의 실제 거래가 완료되었다. 한예츠의 피자 구매는 이제 암호화폐 역사에서 결정적인 순간으로 기억되어 암호화폐 커뮤니티 회원들은 5월 22일을 '비트코인 피자 데이'로 기념하고 있다.

처음으로 비트코인으로 현물(피자)을 구매한 것을 기념

출처: 트위터   출처: coinmarketcap

비트코인은 전자 현금electronic cash의 실현을 목표로 구축된 것이었지만, 그 탄생 이전부터 전자 현금이라는 아이디어나 그 기반이 되는 기술은 존재하고 있었다. 예를 들어, 1992년에 탄생한 슈얼티Surety사의 디지털 노터리Digital Notary는 해시값을 연쇄해 전자적인 타임스탬프를 구현하는 서비스로, 그 연쇄된 일부의 해시값을 정기적으로 뉴욕타임스에 게재함으로써 신뢰성을 확보한다는 계획까지 실현했다. 이 서비스는 1990년대 이후 실무에 활용된 실적도 있다.

1990년대 후반부터 2000년 전후에 등장한 다양한 전자 현금 중에는 처음에는 무상으로 배포하고 결제 수단으로서 보급해 새로운 가치를 창조하겠다는 아이디어도 존재했지만 주목받지 못한 채 사라졌다. 이캐시E-cash를 발행한 디지캐시는 1998년 파산했다. 제휴 은행에 개설한 계좌에서 이캐시를 인출해 PC 내의 월렛에 입금하고 상품 발주 메일에 첨부해서 송신하는 구조였다. 그러나 당시에는 컴퓨터나 네트워크의 시스템 자원이 빈약하고 고가였던 점, 전자상거래가 보급되지 않아 전자 현금이 널리 확산하지 않았던 점 등을 이유로 실용화에 이르지 못했다.

이에 비해 비트코인은 어떻게 성공할 수 있었을까? 비트코인 역시 처음에는 가치가 없는 전자 데이터를 결제 수단으로 보급해 가치를 창조하려는 점에서는 과거에 실패한 일부 전자 현금 프로젝트와 같았다. 단, 비트코인이 개발된 2009년경에는 CPU, 스토리지, 통신 비용이 크게 낮아져 개인이 취미 삼아 참여하는 프로젝트에서 충분히 막강한 컴퓨터 리소스를 사용할 수 있었다. 또한, 오픈소스 문화가 보급됨에 따라 사용자가 소스 코드와 거래 명세를 검증해 일정한 신뢰성을 확보할 수 있었다. 이러한 환경에서 경쟁적 채굴 기술을 도입해 시스템 유지 비용의 자급자족화가 가능한 구조를 구현할 수 있었다는 점이 성공의 원인으로 작용했다.

또한, 독자적인 통화 단위BTC를 채용해 암호화폐를 투기 및 투자의 대상으로 정의하게 됐다. 결제 수단을 새롭게 개발할 경우 실사용을 고려하면 법정통화를 연결해 놓는 쪽이 편리하지만, 그렇게 되면 교환 가치를 유지하기 위한 비용이 든다. 비트코인에서는 시스템을 지원하는 채굴의 보상분만큼 암호화폐를 추가 발행해 외부의 비용 조달 없이도 시스템을 유지할 수 있다. 실제로 비트코인은 그것을 관리하는 법인이나 조직이 명시적으로 존재하지 않으며 누군가 책임을

지는 체계를 유지 및 운용하고 있지 않지만 개발한 지 15년 동안 거의 안정적으로 계속 가동되고 있다.

2024년은 비트코인이 탄생한 지 15년이 되는 해이다. 비트코인의 매력은 중앙은행의 영향력과 무관한 제한된 공급, 알고리즘 기반의 거버넌스, 분산원장 또는 블록체인에 있다. 규제 문제에도 불구하고 비트코인의 채택은 주목할 만하다. 2023년 기준 전 세계적으로 비트코인 소유자는 1억 600만 명으로 추산된다. 테슬라는 비트코인을 대차대조표에 포함했으며, 엘살바도르가 비트코인을 법정통화 및 준비통화로 채택한 것은 국가 차원의 수용에 있어서 중요한 단계이다. 84개국에 비트코인 ATM이 있다는 사실은 비트코인의 국제적 영향력이 커지고 있음을 증명한다. 글로벌 규모로 볼 때 비트코인의 시가총액은 현재 스위스의 GDP 가치와 비슷하며, 정점에 도달한 2021년에는 사우디아라비아를 능가했다. 투기 목적을 떠나 비트코인의 수용은 계속 진화하고 있다. 2024년 1월 미국 규제 당국은 블랙록, 피델리티, 그레이스케일 등 11개 글로벌 자산 운용사에 비트코인 현물 ETF의 상장을 승인했다. 이는 디지털 자산에 대한 글로벌 인식 및 사용에 대한 잠재적인 패러다임 전환이다.

블록체인은 만병통치약이 아니다!

원래 블록체인은 암호화폐를 구현할 수 있도록 해 주는 하나의 요소 기술, 즉 비트코인을 지원하기 위해서만 존재했으나 최근에는 데이터

투명성, 내결함성, 탈중앙화 조직 구조 등이 주목받고 있다. 블록체인 기술은 기존의 모든 산업과 비즈니스에 적용될 수 있는 잠재력을 가지고 있음이 확실해졌다.

비트코인에는 P2P 통신, 해시함수, 공개키 암호화 등 다양한 신구 기술을 사용하며 블록체인은 이를 연결하는 플랫폼 역할을 한다. 블록체인에 대한 정의는 다양하지만 한마디로 '암호 기술로 거래 데이터를 블록 단위로 묶고 이를 하나의 체인처럼 연결하여 정확한 거래 내역을 유지하는 기술'이다. 거래 데이터를 수집·저장하고 필요에 따라 꺼내 쓰는 시스템을 통칭하여 데이터베이스라고 한다. 블록체인은 데이터베이스의 일종으로 그중에서도 특히 데이터 관리 방식과 관련한 새로운 형식과 규칙을 가진 기술이다.

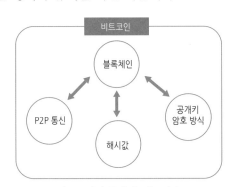

비트코인의 근간이 되는 기술

'분산원장distributed ledger'이라고도 부르는 블록체인은 네트워크에 참가하는 개체 간에 정보가 계속해서 동기화된다는 점에서 중앙 관리를 전제로 삼는 기존의 데이터베이스와 다르다. 데이터와 트랜잭션거래 내역은 복수의 노드에 분산되고 저장되므로 시스템이 단일

노드 또는 위치에 의존하지 않고 작동하게 된다. 이처럼 중앙 관리자
가 개입하지 않고 데이터를 공유할 수 있기 때문에 참여자의 입장에
서 보면 비非중앙 집권적이라서 '분산형 원장'이라고도 한다.

블록체인과 기존 데이터베이스의 주요 차이점은 다음과 같다.

구분	기존 데이터베이스의 특징	블록체인 특징
구조	각 주체가 서로 다른 구조의 DB를 보유	각 주체가 공통 구조의 DB를 참조
DB	각각의 DB는 독립해 존재하며 관리 회사가 신뢰성 있게 담보	각각의 스토리지는 물리적으로 독립해 있지만 P2P 네트워크를 매개로 동기화
데이터 공유	상호 데이터를 참조하는 데 신규 개발이 필요	공통 데이터를 분산해 보유하므로 상호 데이터를 참조하는 데 신규 개발은 불필요

블록체인의 탈중화성은 데이터의 부정한 재작성이나 재해로 인한
서버 다운 타임에 대해 내성이 높다. 또한, 시스템 이용비가 저렴하며
네트워크에 결함이 있는 컴퓨터가 일정 수 존재해도 시스템 전체가
정상적으로 계속해서 동작비잔틴 장애 허용하는 등의 장점이 있다.

블록체인의 3대 도전 과제

블록체인은 다양한 사회 문제를 해결할 수 있는 잠재력을 가진 기술이지만, 우리가 일상적으로 접하는 서비스에 적용되는 사례는 그다지 많지 않아 사회에 온전히 침투했다고는 말할 수 없다. 블록체인은 데이터의 안전성에 있어서는 강점이 있지만 세 가지 주요 기술적 과제가 있다. 이러한 문제 중 어느 것도 간단하게 해결할 수는 없으며 장점과 트레이드 오프하는 현상이 발생한다.

블록체인 챌린지 (1): 확장성

블록체인의 첫 번째 과제는 확장성이다. 확장성은 '트랜잭션 처리량의 확장성', 즉 동시에 처리할 수 있는 거래 기록의 한계치를 가리킨다. 일반적으로 확장성은 '1초당 처리하는 트랜잭션 처리량tps, transaction per second'으로 정의할 수 있는데 대표적인 블록체인 네트워크는 다음과 같이 확장성이 부족하다고 말한다.

- **신용카드**: 수만 tps
- **비트코인**: 3~7tps
- **이더리움**: 15~25tps
- **컨소시엄 블록체인 네트워크**: 수천 tps

블록체인은 개방적이고 탈중앙화된 데이터베이스로 기대를 모으고 있지만, 네트워크 참여자가 늘어남에 따라 기존의 데이터베이스보다 확장성이 떨어질 수밖에 없다는 약점을 가진다. 블록체인 메커니즘에서는 비트코인이나 이더리움, 리플 등 네트워크마다 미리 정해 놓은 '합의 알고리즘'이라는 합의 형성 규칙에 따라 일정량의 거래를 블록 단위로 묶어 거래 기록을 저장한다. 따라서 주어진 시간 내에 어느 정도의 거래량을 블록화해서 처리할 수 있는지는 합의 알고리즘에 따라 다르다. 예를 들어, 비트코인에서는 'PoW Proof of Work'라는 합의 알고리즘을 사용한다. 이것은 네트워크 참가자 노드가 블록을 생성하는 조건으로 자신의 컴퓨터의 성능을 사용해 어떤 연산에 성공하기 위해 필요한 규칙이다.

따라서 비트코인 네트워크에서 트랜잭션 처리량은 노드의 시스템 성능에 따라 다르다. 비트코인의 경우 평균 10분마다 한 번씩 새로운 블록이 생성되며, 각 블록은 1MB의 데이터밖에 처리할 수 없다. 블록체인에는 처리되지 않은 트랜잭션이 대기하는 메모 풀이라는 공간이 있지만, 처리해야 할 트랜잭션의 수가 증가하여 기록할 수 있는 최대 트랜잭션 수를 초과하면 메모 풀에 많은 트랜잭션이 남게 된다. 이 경우 다음 블록이 생성될 때까지 트랜잭션이 방치된 채 있게 된다. 이렇게 트랜잭션 증가에 따라 네트워크 처리 속도가 저하되는 것을 확장성 문제라고 한다. 또한, 채굴자라고 부르는 트랜잭션 승인자는 가스 요금 수수료이라는 경제적 인센티브로 움직이므로 수수료가 가장 많은 건부터 처리하게 된다. 따라서 자기 거래를 최우선으로 블록에 기록하기 위해서는 시장 가격보다 더 많은 수수료를 지급하는 사용자가 생기며, 수수료 인플레이션을 유발하는 부차적인 폐해가 생긴다.

<확장성의 해결책>

확장성을 해결하기 위한 가장 저렴한 최선책은 메인 체인의 블록 용량과 생성 속도의 제약을 완화하는 것이다. 이 접근 방식은 블록의 용량을 늘리거나 생성 간격을 단축하는 것으로, 1회 트랜잭션으로 처리할 수 있는 데이터의 양을 증가시켜 대기하는 트랜잭션을 줄일 수 있다. 그러나 블록체인 본래의 분산성이 저하될 우려, 시스템 자체의 안정성과 보안에 영향을 미칠 가능성도 있다.

또한, 금융권에서는 라이트닝 네트워크Lightning Network라는 새로운 개념이 주목받고 있다. 라이트닝 네트워크는 규모는 작지만 빈도가 높은 거래를 오프체인블록체인 외부에서 처리하는 결제 채널이다. 첫 번째와 마지막 거래만 블록체인에 반영되도록 하는 네트워크이다.

결제 채널은 여러 개의 개인 키로 비트코인을 관리하는 멀티시그 기술Multi-Signature[2]로 오프체인 거래가 가능하기 때문에 첫 번째 거래에서 비트코인을 보내고 해당 금액 내에서 자유롭게 전송할 수 있다. 따라서 블록체인처럼 중간에 있는 모든 거래를 검증할 필요가 없으며 중간 처리를 생략하여 투명성 문제에 대응한다. 이러한 방식으로 결제 속도를 높이고 높은 거래 용량을 달성할 것으로 예상한다. 대형 암호화폐 거래소인 바이낸스Binance는 라이트닝 네트워크에서 비트코인 거래를 실행할 수 있게 되었다고 발표했다. 그러나 비금융 영역에서는 아직 효과적인 해결책이 확립되지 않았다.

이러한 근본적인 문제들은 블록체인이 사회적 인프라가 될 수 있

---

2) 거래를 위해 암호화폐 지갑에 다수 관리자가 복수의 키를 생성하고, 다수의 키가 동시에 서명할 때 거래가 발생할 수 있도록 하는 서명 방식

는지를 결정하는 중요한 이슈라고 할 수 있다.

블록체인 챌린지 (2): 완결성

블록체인의 두 번째 과제는 완결성finality이다. 완결성은 결제 수단과 관련하여 (1) 받은 돈이 나중에 종잇조각이 된다거나 사라지지 않는 것 (2) 한 번 결제가 이뤄지고 나면 나중에 절대로 취소할 수 없는 것을 의미한다.

비트코인은 완결성을 충분히 보장할 수 없으며 특히, 금융 분야에서 사용했을 때 문제가 있다. 비트코인은 PoW라고 부르는, 노드의 연산 능력을 이용한 계산 경쟁으로 합의에 이르는 알고리즘을 채용했지만 실제로 이 PoW가 완결성을 담보하는 데 방해가 된다. 원래 PoW는 다음과 같이 동작한다.

1. 어떤 시점, 어떤 노드가 트랜잭션 풀에서 일정량1MB의 트랜잭션을 임의로 수집해 블록화트랜잭션이 일어날 때마다 처리하면 시간이 걸리기 때문에 일정량을 묶어서 처리를 시작한다.
2. 블록화를 실행하기 위해 노드는 비트코인 네트워크에서 제공하는 연산 과제를 해결하려고 시도한다.
3. 전 세계 여러 노드가 동시다발적으로 연산을 수행하고 연산에 성공한 노드가 생성한 블록이 다른 노드로 전파된다.
4. 전파된 노드가 블록 생성에 사용한 연산의 암산을 수행하고, 연산이 올바른 것으로 확인되면 블록화에 성공한다.

여기서 문제가 발생한다. 일정 시점에 네트워크 내에 복수의 노드가 만든 서로 다른 복수의 블록이 동시에 존재하고, 서로 다른 블록 안에는 동일한 트랜잭션이 들어 있는 현상이다.

PoW에서는 여러 노드가 경쟁적으로 계산한 결과를 일단 모든 블록으로 인정한다. 그러면 특정한 거래 기록이 올바른지 여부를 확인할 때 여러 개의 블록 중 어떤 블록을 참조해야 할지 모르게 된다. 이 것이 비트코인에서 '포크fork, 체인 분기'라는 문제이다. 이 포크의 가능성이 비트코인 결제에서 파이널리티의 보장에 방해가 되는 요소이다. PoW를 합의 알고리즘으로 채용한 비트코인에서는 항상 동시다발적으로 여러 블록이 생성되어 매번 체인의 분기가 발생할 가능성이 있기 때문에 파이널리티를 담보할 수 없다.

비트코인에서는 체인의 분기가 문제가 되지 않도록 PoW를 보완하는 또 다른 합의 알고리즘인 '나카모토 컨센서스Nakamoto Consensus'를 채용하고 있다. 나카모토 컨센서스는 복수의 블록이 동시에 생성되었을 경우 블록의 집적이 가장 많은즉 가장 긴 체인에 포함되는 블록을 정식으로 인정한다는 규칙이다. 언뜻 보면 이 규칙으로 파이널리티가 담보될 것도 같다. 그러나 유감스럽게도 그렇게 간단한 일은 아니다. 나카모토 컨센서스는 어디까지나 합의 형성에 이르는 아이디어 중 하나이며, 실제로는 운영 측에 사양의 변경 등 찬반이 크게 갈리는 문제가 생겼을 때 전원이 합의 형성에는 이르지 못한 채 또 다른 체인을 정통성 있다고 여기는 파벌이 생겨 분파해 버리는 경우가 있다. 이것을 '하드 포크hard fork'라고 부른다.

실제로 2017년에는 비트코인의 하드 포크로 비트코인 캐시BCH가 탄생했다. 하드 포크가 생긴 이유는 확장성 문제를 해결하기 위한 사양 변경으로 블록의 용량을 8MB로 확장하는 것이었다. 이러한 하드 포크는 해커에 의한 '리플레이 공격 replay attack'의 대상이 된다. 리플레이 공격이란, 어떤 장부 기존 장부에서 유효한 트랜잭션을 다른 장부 신규 장부에서도 실행함으로써 송금자가 의도하지 않은 장부에서 자산이 이동되는 현상이다. 이는 오래된 규격과 새로운 규격의 블록체인이 모두 같은 비밀키를 이용하고 있어 생긴다. 암호화폐의 기록 관리에 사용하는 키를 바꾸지 않고 새로운 통화를 만들기 때문에 부지불식간에 데이터가 복사되어 소유권을 빼앗겨 버린다.

그런 의미에서 PoW를 채용하고 있는 비트코인의 경우 신용을 다루는 결제 영역에서 가장 중요한 파이널리티를 완전하게 담보하는 일이란 원칙적으로 곤란하다.

<완결성의 해결책>

완결성의 문제는 비트코인에 한정된 과제가 아니라 이더리움 등 다른 블록체인 네트워크도 안고 있는 과제이다. 그러나 모든 블록체인에서 완결성 문제가 발생하는 것은 아니다. 완결성을 담보하기 어려운 것은 PoW나 PoS Proof of Stake 등 불특정 다수의 참가자 간에 합의 형성에 이르는 컨센서스 알고리즘을 채용하고 있는 네트워크, 즉 '퍼블릭 블록체인'에 한정된 이야기이다.

따라서 완결성을 반드시 담보해야 하는 금융 기관에서는 '컨소시엄형'이나 '프라이빗형' 블록체인 네트워크를 채용해 참가자를 한정함으로써 이 문제에 대응하는 경우가 있다.

구분	퍼블릭형	컨소시엄형	프라이빗형
형태			
시스템	분산적	약간 중앙집권적	중앙집권적
관리자	존재하지 않음	존재함(복수)	존재함(단독)
참가자	불특정 다수	허가제	허가제
거래 데이터	공개	비공개	비공개
수수료	필요	불필요	불필요
사례	비트코인, 이더리움	하이퍼레저 패브릭, 고쿼럼(GoQuorum)	하이퍼레저 패브릭, 고쿼럼

다양한 형태의 블록체인

　컨소시엄형과 프라이빗형 블록체인에서는 네트워크 내에 정해진 수의 사람만 참여를 허용한다. 대부분의 경우 참가하기 위해서는 관리자가 본인 확인 등을 실시하므로 쉽사리 참가할 수 없는 구조다. 이러한 체인에서는 완결성이 실현되고 있으며 주로 엔터프라이즈용 시스템에서 비즈니스를 전개한다.

블록체인 챌린지 (3): 보안

　블록체인이 원리적으로 안고 있는 과제의 세 번째 문제는 '보안'이다. 블록체인은 데이터의 위변조가 어렵다는 것이 주지의 사실이라 보안이 어째서 문제가 되는지 의문이 들 것이다.

　이것은 트랜잭션이라고 하는 개별 데이터의 집합체마다 열쇠가 걸려 있는 공개키 암호 방식 데다가 트랜잭션의 집합체인 블록의 생성 시에도 컨센서스 알고리즘의 룰이 적용되어 데이터를 다시 쓰기에는 대단히 장벽이 높다는 사실을 의미한다. 이러한 배경에서 '블록체인 = 보안을 높이는 기술'이라고 생각하는 사람도 적지 않다. 그러나 유감스럽게도 블록체인은 보안에 만능 책은 아니다. 블록체인은 어디까지나 인간이 구동하는 하나의 시스템에 불과하다. 따라서 블록체인은 구현 과정에서 인간의 실수로 코딩의 버그 등, 혹은 조직적인 자의성 51% 공격[3] 등 때문에 이론이 적절히 효과를 발휘하지 못해 보안이 위협받는 상황 또한 충분히 있을 수 있다. 이러한 맥락에서 블록체인, 특히 비트코인과 관련된 보안 과제로 다음 두 가지 문제가 존재하고 있다

 ✓ 51% 문제
 ✓ 비밀키 유출 문제

51% 문제란 '특정한 노드 네트워크 참가자가 네트워크 내의 머신 파워의 총량을 넘는 파워로 마이닝을 하면 그 노드의 자의성으로 네트워크 전체가 좌우된다'라는 문제로 '네트워크의 탈취' 현상이 일어난다. 앞에서 설명한 것처럼 비트코인에서는 PoW 및 나카모토 컨센서스라고 불리는 컨센서스 알고리즘하에 복수의 노드가 계산 경쟁을 벌인 끝에 가장 긴 체인에 포함된 블록을 정통한 데이터로 여긴다. 그리고 이 계산의 속도는 계산에 참여하는 노드의 머신 파워에 달려 있다. 따라서 이 메커니즘을 역으로 이용하면 다른 어떤 노드보다도 강한 머신 파워를 얻을 수 있으며, 다른 어떤 노드보다 빠른 속도로 계산을 할 수 있으면 그 노드는 자신에게 유리한, 자의적인 거래 기록을 정통할 수 있다. 이것이 소위 51% 문제라는 보안 문제이다.

---

3) 단일 주체나 조직이 다수의 해시 파워를 제어하여 네트워크를 중단시킬 수 있는 공격

또 다른 보안 문제는 개인키 유출 문제이다. 이것은 소위 '스푸핑 spoofing[4]' 공격으로 각 노드가 보유한 계정에 부여된 개인키를 도난당하면 일어난다. 블록화 과정에서 트랜잭션을 트랜잭션 풀에서 꺼낼 때 비밀키 암호화 방식으로 트랜잭션에 서명 비밀키로 암호화이 이뤄짐으로써 트랜잭션 자체의 보안이 담보된다.

일반적으로 이 비밀키는 계정마다 하나만 부여되며, 이 키를 사용하여 계정에 연결한 다양한 권한을 이용할 수 있다. 따라서 이 키 자체가 도난당해 버리면 개인 계정 내의 권한을 제삼자가 악용할 수 있게 된다. 이것이 개인키 유출 문제이다.

<보안의 해결책>

51% 문제와 개인키 유출 문제는 각각 해결책이 다르다.

(1) 51% 문제 대응

51% 문제에 대한 대응책은 합의 알고리즘을 변경하는 것이다. 앞에 언급했듯이 51% 문제는 원리적 보안 위험으로 PoW와 나카모토 컨센서스가 합의 알고리즘인 이상 완벽한 대책은 없다. 물론 네트워크의 규모가 커질수록 네트워크 총량의 과반수를 차지하는 머신 파워를 준비하는 일이 어려워지므로 51% 문제를 이용한 공격의 허들도 올라간다. 그러나 어디까지나 난이도가 올라갈 뿐 위험 요소가 사라지는 것은 아니다.

또한, 비트코인과 동일한 컨센서스 알고리즘을 채택한 새로운 네트워

---

4) 공격자가 자신의 신원을 위조해 다른 개체로 가장해 공격

크는 51% 공격의 높은 위험에 노출된다. 따라서 51% 문제의 위험을 없애기 위해서는 규칙 자체를 변경해야 한다. 이더리움에서 채용한 PoS는 51% 공격의 리스크를 최대한 낮추는 것을 목적으로 정한 규칙이다. PoS는 네이티브 통화 보유량에 비례하여 새롭게 블록을 생성·승인할 권리를 얻는 구조로 한 노드가 51% 공격을 하기 위해서는 네트워크 전체 과반수의 코인을 획득해야 하며, 이는 과반수의 머신 파워를 일시적으로 이용하는 것에 비하면 난도가 훨씬 올라간다.

또한, 컨센서스 알고리즘뿐만 아니라 네트워크 참가자 자체를 허가제로 하는 것도 51% 문제에 대한 하나의 대책이다. 컨소시엄형 블록체인에서는 폐쇄된 네트워크 내에서 PoA Proof of Authority, 자신의 평판/기여도에 따라서 블록을 생성할 권한을 부여라는 합의 알고리즘으로 일부 노드에 합의 형성 권한을 부여하는 형태를 취하고 있다.

(2) 비밀키 유출 문제에 대한 대응

비밀키 유출 문제에 대한 대응책의 하나로 여겨지는 것이 멀티시그이다. 멀티시그란 트랜잭션의 서명에 복수의 비밀키가 있어야 하는 기술을 말한다. 멀티시그를 이용할 때는 기업의 임원진이 키를 하나씩 나눠 가지는 식의 대응을 취한다. 멀티시그는 비밀키 유출 문제에 대한 위험 분산임과 동시에 하나의 비밀키로 서명하는 싱글 시그에 비해 보안 수준도 높아지므로 거래소나 멀티시그 월렛 등에서 채용된다.

그러나 2018년 1월 해킹 공격을 받았던 일본의 암호화폐 거래소 코인체크 Coincheck 사건처럼 개인이 멀티시그를 이용한다고 해도 거래소 자체의 보안이 망가진 경우에는 피해를 막을 수 없다.

2

사적인 통화 발행은 문제인가?
메타의 도전과 좌절

은행 계좌가 없는 이들을 굽어살피소서!

비트코인 등의 암호화폐는 가격 상승을 기대한 투기자산으로 주목받았지만 가격 변동이 크기 때문에 일상적인 상거래에 사용하는 결제통화가 될 수 없다는 견해가 정책 당국자 사이에서도 일반적이었다. 그런 의미에서 비트코인은 각국이 발행하는 주권 통화의 경쟁 상대로는 보이지 않았다. 그런데 그 견해를 크게 바꾼 것이 2019년 6월 미국 페이스북이 발표한 새로운 디지털화폐인 리브라Libra였다. 페이스북의 CEO인 저커버그Zuckerberg는 이 프로젝트가 지향하는 바는 수십억 명한테 글로벌 통화와 금융 인프라를 제공하는 것이라며 야심 찬 목소리로 의기양양하게 발표했다.

은행 계좌가 없는 전 세계 인구는 17억 명이나 된다. 은행 지점을 여러 군데에 두고 있는 선진국에서조차 계좌를 개설할 수 없는 빈곤층이 존재한다. 또한, 신흥 국가에서는 애초부터 은행 지점 네트워크와 같은 금융 인프라가 마련되어 있지 않다. 신흥국 출신 사람들이 선진국에 돈 벌러 나가 본국으로 송금할 때면 은행 계좌가 없어 송금 회사를 이용하게 된다. 이 경우 송금 금액의 약 7%의 수수료가 부과된다. 한편, 신흥국에서는 유선 전화망이 충분히 보급되기 전에 전선 설비가 필요 없는 휴대전화가 먼저 대중화되었다. 중국이 알리페이, 위챗페이 등 모바일 결제 시장을 선도하고 있는 이유도 휴대전화 보급이 빨리 이뤄졌기 때문이다. 은행 계좌가 없는 전 세계 17억 명의 인구 중 10억 명이 휴대전화를 가지고 있고 5억 명은 인터넷에 접속할 수 있는 환경에 있다. 그렇다고 하면…

어차피 돈화폐도 휴대전화 화면의 숫자, 결국 전자 정보이기 때문에 메시지처럼 송금이 가능하지 않을까? 이렇게 하면 수수료가 저렴해질 텐데.

이것이 저커버그가 생각해 낸 새로운 디지털화폐인 '리브라'에 내포된 이타적이고 원대한 구상의 시작이었다.

암호화폐의 가격 변동 리스크를 억제하는 '리브라'

저커버그는 새로운 통화가 가진 사회적 의의를, 경제적으로 곤란한 사람들을 구제하는 '금융 포섭'이라고 강조했다. 금융 시스템의 수혜를 누리지 못하는 사람들을 제도권 안으로 끌어들이겠다는 취지이다. 저커버그가 표면적으로는 사람들의 구제를 내세우고 있지만 결국은 새로운 비즈니스를 도모하려는 것이 아니냐고 의구심을 품는 사람도 있었다. 그러나 구제를 받는 이들 입장에서는 이러하든 저러하든 마찬가지였다.

리브라는 최신 금융과 기술 지식을 바탕으로 잘 고안되어 있었다. 페이스북의 자회사인 칼리브라Calibra에서 전자지갑을 만들면 리브라를 이용해 저렴한 비용으로 마치 문자 메시지 보내듯이 간단히 해외 송금도 가능하다. 리브라는 어떤 나라의 중앙은행으로부터도 규제를 받지 않는다. 거래에는 암호화폐에 사용하는 블록체인 기술을 사용하기 때문에 악의가 있는 제삼자가 개입할 수 없으며, 거래 기록의 투명성과 공공성이 기술적으로 보장된다. 리브라는 미국 달러, 유로, 영국 파운드, 일본 엔, 싱가포르 달러 등 주요국 통화의 환율을 평균화한 가치통화 바스켓[5]에 연동해 이용자가 필요로 할 때에 법정통화로 교환할 수 있도록 했으며 페이스북과는 무관한 스위스 회사에서

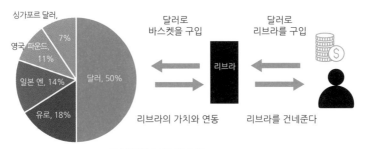

리브라의 통화 바스켓 출처: 로이터

5) 국제통화제도에서 기준환율을 산정할 때 적정한 가중치에 의해 선정되는 구성통화의 꾸러미

Part 3. 사회의 디지털화와 화폐의 디지털화

관리한다. 누군가 달러로 리브라를 사면 리브라를 건네주고 그 대신 받은 달러로 통화 바스켓을 사서 보관한다.

리브라는 비트코인과 마찬가지로 거래 기록을 분산하여 관리하는 블록체인을 사용한다. 그러나 누구나 채굴 작업에 참여해 화폐의 생성에 참여할 수 있는 비트코인과 달리 리브라를 새로이 발행할 수 있는 주체는 리브라 협회에 한하며, 리브라의 발행량은 통화 바스켓의 양으로 관리된다.

법정통화와 연동하지 않는 비트코인은 시세가 불안정해 투기의 대상이 되지만, 리브라는 마치 금본위제처럼 미국 달러, 유로 등 법정통화 자산이 뒷받침된다. 따라서 리브라의 가격 변동은 비트코인, 이더리움 등의 암호화폐와 달리 대단히 안정적이다. 이렇게 가치가 안정화된 구조를 갖는 메커니즘을 '스테이블코인Stablecoin'이라고 한다.

페이스북 제국의 탄생: 글로벌 28개 기업이 지지

가난한 사람들을 돕는다는 이념, 최신 기술을 갖춘 완전히 새롭고 효율적인 화폐 시스템. 장점을 결집해 놓은 프로젝트로 보였다. 비자, 마스터카드, 페이팔, 이베이, 우버 등 28개의 글로벌 기업이 리브라를 지지한다고 나섰다. 당시 전 세계 페이스북 이용자는 27억 명이었기 때문에 '아마존과 이베이 등에서 온라인 상품 구매는 전부 리브라로 결제가 이뤄져 전 세계 어느 곳에서나 통용될 수 있을 것'이라는 예상과 함께 금융 시장의 대혁명처럼 보였다.

그러나 이 계획이 발표되자 페이스북은 미국 의회, 각 나라 중앙은행, 금융 업계, 언론으로부터 엄청난 우려와 비판에 휩싸인다. 국경을 초월한 페이스북 제국의 탄생이나 마찬가지라는 여론이 팽배했다. 특히, 리브라 협회라는 중앙집권적 조직이 리브라 발행의 뒷받침이 되는 거액의 자산을 보유하면 중앙은행과 비슷한 조직이 되어 각국의 금융 정책과 통화 주권에도 영향을 미칠 수 있다는 거센 비판이 쏟아져 나왔다. 리브라가 편의성을 강조하는 간편한 국제 송금도 자금 세탁이나 마약 등 부정 거래에 악용될 수 있는 가능성이 있었다. 게다가 페이스북은 당시 대규모 개인 데이터 유출 사건으로 뭇매를 맞기 시작하던 참으로, 다음과 같은 의견이 제기되었다.

- 페이스북은 개인정보 보호 관점에서 신뢰할 수 있는 기업인가?
- 27억 명의 사용자를 거느린 거대 플랫폼 기업이 금융까지 접수해 버리면?
- 돈세탁이 만연하지 않겠는가?
- 통화 정책과 금리를 이용해 금융을 긴축 또는 완화하는 중앙은행의 금융 조정 기능에 영향을 미치지는 않을까?
- 리브라 때문에 중소국의 불안정한 통화가 퇴출당하지는 않을까?

이 외에도 여러 통화로 구성된 통화 바스켓은 결국 투자신탁 상품이 아닌가? 그렇다면 투자신탁의 규칙을 적용해야 하는 것은 아닐까? 그렇다면, 어느 나라의 규칙을 적용해야 할까? 기술적인 법 규제상의 문제점도 다수 지적되었다.

이 의견들을 종합해 보면 리브라의 세력이 커져서 특정 국가에서 리브라를 통한 결제가 대량으로 이뤄지면 국가마다 통화에 관해 독자적으로 결정할 수 있는 통화 주권과 통화 정책의 자유도가 훼손될 가능성이 있었다. 달러와는 다른 통화 단위를 가지고 있어 달러를 기축통화로 삼는 국제 통화 체제에 위협이 될지도 모른다는 점이 가장 큰 사안으로 다뤄졌다. 이 밖에 스테이블코인의 장점으로 꼽는 금융 포섭에의 기여, 마이크로 페이먼트micro payment, 소액결제의 실현, 프로그램처럼 설계하고 작동하는 화폐programmable money 등의 특징에 있어서는 실태와 다르다는 지적이 있었다.[6]

'리브라 무너뜨리기'에 재빨리 나선 각 나라 당국

위기감을 느낀 각 나라 당국은 재빠르게 리브라 포위망을 쳤다. 주요 7개국G7, 20개국·지역G20의 재무상·중앙은행 총재회의에서는 리브라를 염두에 두고 스테이블코인의 감시를 강화할 방침을 내세웠다. 특히 열심히 대응에 나선 것이 같은 해 G7 정상회의 의장국인 프랑스였다.

6월 리브라 구상안의 발표 직후 프랑스 출신의 부노와 쿨레Benoît Georges Cœuré 유럽중앙은행European Central Bank, 이하 ECB 이사를 의장으로 하는 'G7 스테이블코인 태스크포스'가 발촉되고, 7월 재무상·중

---

6) 2021년 12월 14일에 개최된 미 의회 상원은행위원회 공청회에서 알렉시스 골드 스타인
   (Open Markets Institute의 Director of Financial Policy)의 증언

앙은행 총재 회의에 상정될 논점의 검토에 들어갔다. 태스크포스에는 G7의 중앙은행, IMF, 국제결제은행Bank for International Settlements, 이하 BIS, 금융안정위원회Financial Stability Board, 이하 FSB 간부 등이 합류했다. 태스크포스는 7월 프랑스에서 열린 G7 재무상·중앙은행 총재 회의에 제언을 제출[7]했다.

태스크포스 보고서는 특히 고려해야 할 점으로서 아래 4가지 사항을 들었다.

1. (리브라 등) 스테이블코인은 가장 높은 수준의 규제를 충족하고 당국의 신중한 감독에 복종함으로써 사회적 신뢰를 얻어야 한다. '동일한 비즈니스, 동일한 리스크에 대해서는 동일한 규칙을 적용한다'라는 기본 원칙을 적용해야 한다. 규제는 세계적으로 일관성을 가져야 한다.

2. 스테이블코인은 확실한 법적 기반하에 모든 관계자 및 이용자에게 충분한 보호와 보증을 확보해 줄 것이 요구된다. 코인 발행자는 보유자에게 약속한 사항, 자산 보유에 따른 위험을 명확하게 설명해야 한다.

3. 거버넌스와 위험 관리의 틀은 운용 측면에서 견고성과 사이버 탄력성resilience을 확보해야 한다.

4. 스테이블코인을 뒷받침하는 자산은 안전, 신중, 투명하게 관리되어야 하며, 코인 보유자에 대한 의무 또는 합리적인 기대와 정합성 있게 이뤄져야 한다.

---

7) https://www.bis.org/cpmi/speeches/sp190718.pdf

G7에서의 토의 결과를 정리해 7월 18일에 프랑스의 브루노 르메르 Bruno Le Maire 경제·재무성이 공표한 내용에는 리브라를 염두에 두고 '스테이블코인 및 그 외 다양한 금융 상품'이라는 항목이 마련됐다. 그에 따르면, '스테이블코인을 포함해 현재 개발되고 있는 다양한 금융 상품은 심각한 규제 내지 체계적인 우려와 함께 광범위한 정책상의 과제를 일으킬 수 있음에 유의해야 한다. 이러한 모든 우려와 과제는 대응 방안을 마련하기 전에 검토해야 한다'라고 리브라를 가리키며 감시와 규제의 필요성을 호소했다. G7 보고서는 리브라처럼 전 세계적으로 보급될 가능성이 있는 스테이블코인을 '글로벌 스테이블코인'이라고 총칭하고, 통상의 스테이블코인 이상으로 큰 리스크를 가져올 수 있다고 지적했다.

G7 회의와 같은 국제회의에서 리브라와 같은 일개 민간 프로젝트를 지목해 대응책 마련에 고심한다는 것은 대단히 이례적인 일이다. 게다가 리브라 등 스테이블코인이 금융 시스템의 안정성이나 소비자 보호를 위협하지 않도록 자금 세탁, 테러 자금 대책 등에서 '최고 수준의 규제를 적용할 필요가 있다'라고 명기했다. '최고 수준의 규제'라는 키워드는 앞에 나온 G7 태스크포스의 보고서에서 채용한 것이다.

세계의 주요 금융 기관 및 통화의 파수꾼으로서 금융 정책을 담당하는 중앙은행을 위시해 기득권을 침범하는 리브라의 잠재적 위협을 간파한 당국자들의 '리브라 포섭망 구축'은 일사천리로 진행됐다. 미의회도 저커버그를 참고인으로 소환해 각국의 규제·감독에 따르겠다는 다짐을 받았다. 이러한 각국의 압력으로 리브라를 각국의 규제에 따르도록 하는 여론이 형성돼 당국이 인정할 때까지 발행할 수 없게 되었다. 비트코인 등 암호화폐가 당국이 규제 대응에 착수하기 전부터 거래가 시작된 것에 비하면 정부 당국이 리브라에 대해 얼마나 빠르고 철저하게 선제 공격에 나섰는지 알 수 있다.

페이스북은 노선 변경의 압력을 받아 당초 예정된 2020년 상반기 출시를 포기하고 2020년 말에는 리브라를 디엠Diem으로 개칭한다고 발표했지만 주목도는 급속하게 사그라들었다. 미국 달러를 기축으로 하는 국제 통화 제도, 유럽 통합의 상징인 유로권을 사수하려는 미국 및 유럽 당국을 중심으로 한 '리브라 무너뜨리기'는 속전속결로 진행됐다.

미국 컬럼비아대학 조지프 스티글리츠 Joseph Stiglitz 교수가 리브라 구상이 발표된 지 2개월 남짓 지난 2019년 8월 시점에 리브라의 장래를 전망하며 다음과 같이 말한다.

> "리브라가 계획대로 탄생할 거라고는 생각하지 않는다. 모든 금융 규제에 따라 투명성을 높이면 더 이상 암호화폐가 아닐 텐데 그렇다면 리브라가 왜 필요한가 하는 얘기가 된다. 원래 달러, 엔 등 훌륭한 통화가 있는데 어째서 새로운 통화가 필요한가 하는 것이다."

페이스북은 각국 정부를 대신해 매우 합리적인 세계 통화 리브라를 발행하려 했지만, 각국 정부 입장에서는 금융통화 주권이 저커버그가 생각했던 것보다 훨씬 중요했다. 통화의 성격을 지닌 리브라는 각국의 법규제를 뛰어넘어 돈세탁 등 경제 범죄를 조장할 가능성이 있었다. 또한, 개인의 금융 자금 흐름과 같은 민감한 정보가 민간 기업에 집중되지 않을까 하는 우려도 있었다. 게다가 각국의 금융통화 주권을 위협할 가능성이 있기 때문에 각국의 정부로부터 인정받지 못한 채 좌초하게 된 것이다.

뭇매를 맞고 끝난 리브라 프로젝트의 말로

리브라 계획이 발표된 지 4개월 후인 2019년 10월, 페이팔이 가장 먼저 리브라 회원사에서 탈퇴를 선언했고, 그 뒤를 이어 비자와 마스터카드도 탈퇴했다. 각 나라의 규제 당국이 지적한 법 규제상의 문제를 해결할 가망성이 없다고 판단했기 때문으로 보인다.

이리하여 리브라 프로젝트는 산지사방散之四方으로부터 호된 비난을 받은 끝에 '쪼그라'들게 된다. 2020년 4월, 리브라는 '리브라 2.0'을 발표했다. 각국의 금융 주권을 고려하여 통화 바스켓을 축소하고 각 국가의 통화에 준하는 리브라 달러, 리브라 유로 등의 스테이블코인을 발행하기로 결정했다. 통화 바스켓 대신 개별 통화마다 대량으로 즉시 매매할 수 있는 단기 채권을 매수하고 이를 기반으로 리브라를 발행하겠다는 아이디어다.

그러나 그럼에도 불구하고 각 정부 및 당국과의 협상에서 진전을 이루지 못했고 그해 12월 리브라는 통화 이름을 '디엠'으로 변경했다. '리브라'에 담긴 의미가 공평함을 상징하는 천칭자리이지만, 과거 로마 제국 패권통화의 이름이기도 했다. 어딘가 페이스북의 야심만을 강조하는 의도를 노골적으로 드러낸 것을 반성한 듯했다. 디엠은 라틴어로 '날day'을 뜻하는 단어로, 리브라에 비하면 대단히 무난한 이름이었다. 그리고 코로나19 와중에 페이스북은 '메타Meta'로 사명을 변경하고, 2022년 1월 31일 리브라협회의 뒤를 잇는 디엠협회는 미국 금융 당국과 협상이 잘되지 않아 결국 자산을 다른 회사에 매각하기로 결정했다. 이것으로 리브라 계획은 빛을 못 본채 전혀 없던 일이 되어 버렸다.

Part

4

새로운
금융 생태계의
탄생

1

디엠에서 자극받은
각국의 중앙은행

현실성을 띠기 시작한 화폐의 디지털화

비록 디엠이 꽃을 피우지는 못했으나 저커버그가 금융 업계에 일으
킨 파문은 실로 엄청났다. 통화 시스템을 견고하게 지키기 위해 본래
는 보수적이어야 마땅한 각국의 중앙은행이 암호화폐라는 새로운 기
술에 민감하게 반응했기 때문이다. 전 세계 중앙은행은 통화가 이대
로 기술의 진화에 보조를 맞추지 못한 채 어정쩡한 상태로 방치된다
면 또 다른 통화가 등장하여 자신들의 통화 주권을 위협할 수 있을지
도 모른다고 생각하기 시작했다.

　"이대로 아무것도 하지 않으면 기존의 통화는 새로운 디지털화폐
에 밀려날지도 모른다. 그것이 리브라처럼 새로운 통화일지도 모르

고, 디지털 미국 달러나 위안화와 같은 진화한 형태의 타국의 통화일 지도 모른다."라고 각국 중앙은행은 생각했다.

이에 대응하기 위해서는 결제 시장의 효율화를 촉진하고 각종 거래 비용의 절감이나 자금 흐름의 투명성을 향상할 필요가 있음을 자각했다. 일부 국가에서는 금융 포섭도 염두에 둬야 하는 과제가 생겼다. 결국 각국의 중앙은행도 디엠과 같은 디지털화폐를 준비해야 하는 때가 왔음을 깨닫게 된 것이다.

이렇게 중앙은행이 발행하는 법정 디지털화폐를 CBDC Central Bank Digital Currency라고 한다. CBDC는 아직 새로운 개념으로 학술적으로 명확하게 정의된 용어는 아니다. 현금 통화와 마찬가지로 중앙은행이 발행한 통화이며 결제일반 교환 기능과 가치 저장 기능에 이용되는 중앙은행의 부채이다. 중앙은행은 이미 중앙은행 당좌 예금을 이용한 중앙은행 결제 시스템이라는 형태로 디지털 통화를 제공하고 있다. 그러나 참여자가 금융 기관으로 한정된 거액 결제와 달리 CBDC는 더욱 폭넓은 경제 주체가 이용하는 시나리오를 상정한다.

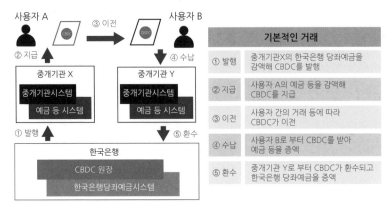

CBDC의 발행부터 환수에 이르기까지
출처: FinTech Journal

중앙은행이 발행하는 중앙은행 화폐에는 은행권현금과 금융 기관이 보유한 중앙은행 예금이 있다. 물리적 현금은 일반 국민이 결제에 이용할 수 있지만, 중앙은행 예금은 전자 형태로 존재하며 중앙은행이 적격하다고 인정한 금융 기관만 이용 가능하다. 이 두 종류의 중앙은행 화폐 이외에 민간 화폐가 존재하며, 전자적인 민간 은행 예금으로 일반 국민이 이용 가능하다. 양자의 큰 차이는 중앙은행 화폐는 중앙은행의 부채인 데 반해 민간 화폐는 그렇지 않다는 점이다. CBDC는 '민간은행이 중앙은행에 보유하는 전통적인 당좌예금이나 결제 계정과는 다른 새로운 형태의 전자적인 중앙은행 화폐'로 정의한다. CBDC는 전자 결제 수단이며 중앙은행의 직접적인 부채로 해당 국가 및 지역의 통화로 표시된다. 또한, CBDC는 어디까지나 은행권현금을 보완하는 것으로, 현 단계에서는 대체하는 것은 아니다.

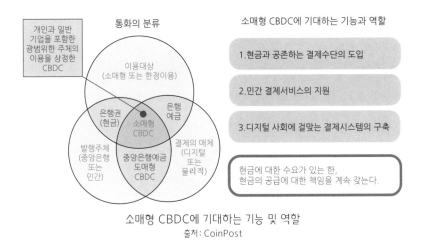

소매형 CBDC에 기대하는 기능 및 역할
출처: CoinPost

CBDC의 이용 형태에는 금융 기관으로 이용이 제한되는 도매형 CBDCwholesale CBDC와 기업 및 개인 등 폭넓은 경제 주체가 이용하는 소매형 CBDC retail CBDC가 있다. 후자는 현행 은행권의 유통 형태를 답습해 중앙은행이 우선 금융 기관을 대상으로 발행하면 금융 기관이 이를 일반 고객에게 공급하는 이층 구조 two-tier system를 상정한다.

도매형은 무역 및 증권 거래와 같은 대규모 거래에서 금융 기관 간 결제할 때 사용한다. 한편, 소매형은 개인이 매장에서 지급하거나 개인 간에 송금하는 소액 거래에서 결제 수단으로 사용한다. 현재는 신흥국에서 소매형 CBDC를 도입하는 움직임이 선행하고 있지만, 선진국에서는 소매형보다는 도매형 쪽이 도입 장벽이 낮고 수혜의 폭이 크다는 의견도 있다. 예를 들어, 미국 연방준비제도이사회 Federal Reverve Board of Governors, 이하 FRB의 보우만 Bowman 이사는 2023년 4월 CBDC를 테마로 삼은 연설에서 소매형은 이익과 리스크 간에 절충점을 정당화하기 어렵다고 발언하는 한편, 도매형은 미래에 특정한 금융 시장 거래 및 크로스보더 국경을 넘는 결제 처리 분야에 유망하다고 언급한 바 있다.

다음 표는 (1) 이용 대상 한정 이용, 일반 이용 (2) 결제 매체 디지털, 물리적 (3) 발행 주체 중앙은행, 민간은행에 따라 통화를 세 가지 척도로 분류한다. 이 표에서 알 수 있듯이 소매형 CBDC는 중앙은행 부채로 직접 발행되는 결제 수단이라는 점에서 현금과의 대체 가능성이 매우 높다. 동시에 개인 및 기업 등 폭넓은 경제 주체가 이용할 수 있는 전자 매체를 통한 결제 수단이라는 점에서 민간 금융 기관이 발행하는 은행 예금과의 대체성도 대단히 높다. 또한, 중앙은행이 발행하는 디지털 결제 수단이라는 점에서 소매형 CBDC는, 금융 기관 등으로 이용자가 한정되는 도매형 CBDC를 포함하는 형태로 제도를 설계하는 방안도 생각할 수 있다.

구분		형태	발행 주체
도매형 (wholesale, 금융기관 대상)	중앙은행 예금	디지털	중앙은행
	도매형 CBDC	디지털	중앙은행
소매형 (retail, 개인 및 기업대상)	은행 예금	디지털	금융기관
	은행권	지폐	중앙은행
	소매형 CBDC	디지털	중앙은행

도매형과 소매형 CBDC

화폐 주권과 디지털 달러화

디지털화폐의 등장은 화폐를 둘러싼 국가 주권의 존재 방식에 파문을 던졌다. 일반적으로 화폐 주권monetary sovereignty은 대내적으로는 화폐 제도를 정의하는 권리, 화폐의 가치를 절하할 권리, 금융 정책을 운영하는 권리를 포함한다. 또한, 대외적으로는 외환 관리 제도를 도입하는 권리를 포함한다고 해석한다. 국가 스스로 화폐의 관리 권리를 갖는다는 것은 일반적으로 수용되는 원칙이다. 또한, 외국 화폐의 국내 사용을 허가하거나 금지하는 것은 해당 국가 입법자의 재량에 달려 있다.

한 국가나 지역에서 일정량의 외국 화폐가 유통되는 '달러화 dollarization'라는 현상이 있다. 달러화는 한 국가의 거주자가 다른 국가의 통화로 표시된 자산또는 부채을 사용하는 것을 의미한다[1]. '달러

---

1) 일반적인 현상을 지칭하는데 '달러'라는 용어를 사용하는 것은 달러가 다른 나라에서 가장 일반적으로 사용되는 외화이기 때문이다. https://www.elibrary.imf.org/display/book/9781589061767/ch030.xml

화'가 통화 대체를 의미하는 맥락에서 사용될 경우 반드시 미국의 달러를 지칭하지는 않는다. 국내 통화가 외화와 병행하여 유통되는지 여부에 따라 달러화 현상은 부분적일 수도, 전체적일 수도 있다. 달러화는 화폐 발행국의 승인을 얻어 이뤄지는 경우와 일방적으로 이뤄지는 경우가 있다. 또한, 국내에서 외국 화폐가 법화로서 자리매김하는 경우와 단순히 사실로서 유통하는 경우가 있다.

달러화의 이점으로는 물가 및 환율의 안정과 실물경제의 건전한 발전을 기대할 수 있다. 단점으로는 화폐 발행 이익의 상실이나 자국의 경제 상태에 따른 금융·환율 정책을 취할 수 없게 된다는 점을 들 수 있다. 화폐 주권의 관점에서는 외국 화폐를 법화로 규정하는 것 자체가 일종의 주권 행사 형태이기 때문에 달러화가 즉시 문제가 되는 것은 아니다. 그러나 거주자의 자산 선택 행동의 결과, 국가 의사와는 무관하게 사실상 달러화가 진행되는 경우에는 화폐 주권에 대한 침식으로 간주한다.

일반적으로 통화 지역이라고 하면 특정 화폐가 유통되는 특정 지역을 의미한다. 그러나 디지털 세계에서는 상황이 달라진다. 디지털 화폐 영역이 형성되면 그 안에서 사용되는 화폐는 특정 국가 또는 지리적 지역에 국한하는 것이 아니라 특정한 디지털 플랫폼에 종속된다. 디지털화폐는 본질적으로 국경을 넘나들기 때문에 한 국가의 화폐가 외국의 디지털화폐로 대체되어 디지털 달러화 현상이 일어나게 된다. 예를 들어, 미국 LA에 사는 중국인이 현지 중국음식점에서 음식값을 알리페이로 치른다고 하자. 손님과 식당 주인이 자리 잡고 있는 장소, 지급 결제가 이뤄지는 장소는 모두 미국이다. 그러나 사실상 돈은 중국의 결제 시스템을 통해 이동한다.

디지털화폐의 등장이 화폐 주권의 본연의 방식에 미치는 영향에는 현재 두 가지 견해가 있다. 우선, 달러화가 진행된 국가가 디지털화폐를 도입함으로써 화폐 주권을 회복할 수 있다는 견해이다. 일반적으로 달러화의 원인은 정부의 경제 운영 능력에 대한 신뢰가 낮기 때문에 블록체인 기술 등을 활용해 화폐 발행에 있어 거버넌스의 확립이나 화폐의 편리성 향상을 실현할 수 있다면 자국 화폐의 복권으로 이어질 수 있다. 일찌감치 CBDC를 도입한 캄보디아에서는 자국 화폐의 이용 촉진도 목적으로 되어 있다.

한편, 디지털화폐가 국경을 넘어 유통함에 따라 화폐 주권이 침식된다는 견해도 있다. 달러화가 디지털로 전환된 '디지털 달러화digital dollarization'로 한 나라의 통화가 가진 화폐의 기능이 중단되고 규제 기관이 통화 정책을 수행하는 능력을 상실하며 국가의 화폐 주권이 약화하거나 상실되는 결과로 이어질 수 있다.

특히 다음과 같은 경제권이 디지털 달러화에 취약한 후보군이다.

- 작은 경제
- 비공식 부문의 비중이 큰 경제
- 규제 시스템이 불충분하게 갖춰진 국가
- 성공적으로 운용되는 전자 결제 시스템이 부재한 국가

디지털 플랫폼이 점점 더 현금 결제를 대체하고 빅테크가 더 높은 영향력과 권력을 행사하는 환경에서 금융 시스템은 디지털 플랫폼으로 이동할 수 있다. 비록 실패로 끝나기는 했지만, 만일 디엠이 전 세

계에서 이용될 경우 각국의 화폐 주권에 엄청난 영향을 줄 수도 있었다. CBDC를 발행한 국가에서도 경제적 유대관계가 깊은 외국산 CBDC가 사실상 유통되는 디지털 달러화 현상이 발생할 수도 있다.

소매형 CBDC의 기본 원칙 및 수평적/수직적 공존

현재 7개 선진국의 중앙은행이 CBDC에 관한 여론을 주도하고 있다. 이 그룹은 2020년 10월에 소매형 CBDC에 요구되는 3가지 기본 원칙을 제시했다.

첫 번째 기본 원칙은 '무해성'이다. CBDC의 발행이 물가나 금융 시스템의 안정 등 중앙은행이 필연적으로 수행해야 하는 의무에 걸림돌이 되어서는 안 된다는 것이다. 기술적으로 가능하다고 해서 너무 사용하기 편리한 CBDC를 만들면 기존 금융 시스템이나 금융 시장에 막대한 영향을 미쳐 원래의 정책 목적 실현을 저해할 가능성이 있다. 중앙은행 입장에서 주객이 전도되어서는 안 된다. 한편, CBDC를 금융 정책의 도구로 적극적으로 활용한다는 점이 주된 동기 부여 요소는 아니다. 실무 세계에서는 제대로 구동하는 CBDC를 구축하는 일이 선결되어야 하며, 금융 정책에 어떻게 활용할지는 각 나라에서 고민하면서 틀을 잡아가는 식으로 흘러간다.

두 번째 기본 원칙은 '공존'이다. CBDC는 현금을 대체하는 것이 아니라 양쪽이 서로 보완하는 것이다. 또한, 은행 예금을 비롯한 민간 화폐와 CBDC는 공존하며 적절한 균형을 맞춰 금융경제에 기여하는 것이 중요하다.

세 번째 기본 원칙은 '혁신과 효율성'이다. CBDC는 단순한 현금의 대안 수단에 그치지 않고 디지털이기 때문에 가능한 특성을 활용하여 다양한 서비스를 덧붙여 가는 게 가능하다. CBDC에 편의성과 자유도를 어느 정도 허용할 것인지 자체가 논점이지만, 한국은행으로서는 기본적으로 민간 부문이 혁신성을 발휘해 편리한 결제 서비스를 만들어 낼 수 있도록 시스템적인 기반이나 유연성 높은 제도를 운용하는 구조를 갖추는 것이 바람직하다고 생각한다.

아래 그림_{디지털화폐의 분류}은 IMF가 제시한 새로운 형태의 디지털 머니의 분류이다. 가격이 크게 변동할 수 있는 암호화폐 외에도 안정적인 자산이 뒷받침하는 스테이블코인이 있다. 스테이블코인은 빅테크 등의 비금융 사업자가 지금까지의 민간 발행 화폐보다도 안전성이 높다는 점을 강조함으로써 많은 사용자를 확보해 수집한 정보를 비즈니스에 이용하는 대응이라 할 수 있다. 민간 기업이 발행하는 은행 예금과 스테이블코인이 경쟁하게 된다는 것이 결제 시스템의 미래 모습이다.

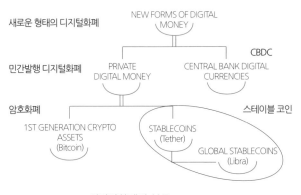

디지털화폐의 분류 (출처: IMF)

중앙은행이 CBDC를 발행하려면 공익의 규칙을 지키고 민간 결제 서비스와 공존해야 한다. '공존'에는 CBDC 시스템 외에 다양한 민간 결제 및 결제 네트워크가 나란히 공존하는 '수평적 공존'과 CBDC 시스템에서 다양한 주체가 역할을 분담하는 '수직적 공존', 두 가지 유형이 있다.

CBDC 및 기타 결제 수단현금, 은행 예금, 민간 디지털 머니 등이 그 기능이나 역할을 적절하게 발휘하고 서로 공존해 나가는 모습을 목표로 삼는 것이 필요하다. 이러한 '수평적 공존'을 실현하려면 CBDC와 다른 결제 수단 간의 상호 운용성interoperability을 확보하는 것이 중요하다. 이에 따라 각 결제 수단의 편의성이 높아짐과 동시에 이용자가 선택하는 폭이 확대되고 결제 분야에서 경쟁이 촉진되며 결제 시스템 전체의 안전성이 향상될 것으로 기대한다.

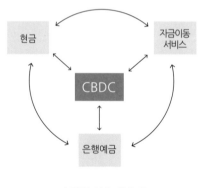

수평적 상호 운용성
출처: 일본 국립인쇄국

한편, '수직적 공존'을 위해서는 중앙은행이 제공하는 CBDC는 비교적 평이하고 주변 생태계와 잘 어우러져야 한다. 민간이 제공하는 하나의 지갑 내에서 개인 결제 수단 외에 CBDC도 사용할 수 있는 가능성, CBDC 사용 후 새로운 서비스의 추가 가능성 등 다양한 옵션이 있다.

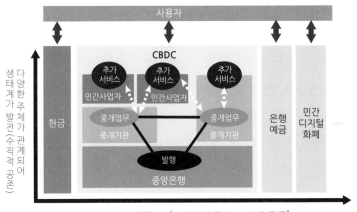

CBDC의 기본 원칙 중 '수직적 공존과 수평적 공존'
출처: FinTech Journal

각 개인이 CBDC 지갑을 갖게 되면 현재 디지털 머니로 사용하는 네이버페이나 카카오페이 등은 어떻게 될 것인가? 이러한 페이에는 포인트 혜택이 있고 버스나 지하철에서 교통카드 단말기가 CBDC디지털원화를 읽어 들여도 네이버페이의 정산을 CBDC로 처리하는 것에 지나지 않을지도 모른다. 인간은 본래 모르는 일이나 경험한 적이 없는 일을 받아들이려고 하지 않는 '현상 유지 편향status quo bias'이 있기 때문에 약간의 매리트만으로는 좀처럼 행동을 바꾸려 하지 않는다.

개발도상국이나 빈부의 격차가 큰 선진국에서는 국민이 은행 계좌를 개설하지 못하는 문제가 있지만, 한편으로 고령화한 한국에서는 디지털 디바이드정보 격차의 문제도 있다. 네이버페이나 스마트폰을 사용할 수 없는 고령층은 분명히 존재한다. 중국처럼 의사결정이 하향

식top-down으로 정해지는 강권적인 국가에서는 제도의 변경이 쉬울지 모르지만, 한국에서 CBDC의 개발은 정치적으로 신중하게 추진해야 하는 사정이 있다.

돈의 역사는 금은과 같은 귀금속처럼 그 자체로 가치 있는 것에서 시작했다. 그리고 언제든지 금과 교환이 가능한 지폐의 시대금본위제를 거쳐 지금은 금의 뒷받침이 없는 관리 통화 제도에 이르고 있다. 그리고 이제는 우리의 일상생활에서 동전이나 지폐를 대신하여 물리적인 형태가 없는 중앙은행이 발행하는 디지털화폐가 보급될 날이 임박해 오고 있다.

돈이란 무엇인가? 가장 중요한 것은 누구나 가치가 있는 것이라고 공통으로 인식을 갖는다는 점이다. 따라서 서투르게 다루면 단번에 가치를 상실할 위험성도 내포한다.

CBDC를 대하는 세계 각국의 자세

해외에서 CBDC 발행을 검토하는 국가는 크게 세 가지 유형으로 나눌 수 있다.

첫 번째 유형은 스웨덴처럼 현금 사용이 없는 선진국이다. 스웨덴은 폭넓은 연령층에 걸쳐 무현금화가 진행되었다. 고령층과 청소년을 중심으로 은행 계좌를 보유하지 않은 층unbanked이나 현금 의존도가 높은 계층이 존재하지만, 무현금화가 고도로 진행되다 보니 이제는 현금을 좀처럼 입수하기 어려운 상황이 벌어지고 있다. 모든 국민한테 결제 수단이 보급되도록 하는 것은 중앙은행의 책무이며, 이러한 금융 포섭의 촉진이 스웨덴에서 CBDC의 발행을 검토하는 이유다. 그 외 은행권과 관련된 비용이 예상 외로 높기 때문에 이를 절감하고 싶어 하는 의도도 있을 법하다.

두 번째 유형은 바하마나 캄보디아와 같은 개발도상국이다. 이러한 개발도상국에서는 스마트폰의 보급률이 매우 높아지고 있지만, 그 이외의 인프라 정비는 상당히 열악하다. 유선전화의 보급 단계를 뛰어넘어 스마트폰이 보급되었듯이 결제 시스템에 대해서도 이왕이면 CBDC라는 최신 기술을 이용한 시스템을 도입하겠다는 발상이다.

세 번째 유형은 중국과 같은 권위주의 국가이다. 중국은 잘 알려진 바와 같이 현금 없는 사회로 접어든 지 오래이며, 표면상으로는 현금 유통을 대체하는 목적으로 CBDC를 도입한다고 공언하지만 실제로는 국민의 경제 행동_{지불 동향}을 낱낱이 파악하는 것이 목적이라는 견해가 유력하다. 중국에서는 위조지폐가 횡행하다 보니 현금 지급_{특히 고액권}을 선호하지 않아 CBDC의 도입이 하나의 해결책이 될 뿐 아니라 자금 세탁이나 테러 자금 방지 대책이 되기도 한다. 또한, 현금 취급 비용을 줄일 수 있다.

[스웨덴] 민간 및 시장 주도로 비현금화가 급속히 진행

스웨덴의 중앙은행인 릭스방크 Riksbank는 선진국 중에서는 가장 빠른 2016년에 'e-크로나 e-krona' 프로젝트에 착수하며 CBDC의 검토를 시작했다. 2020년과 2021년에 각각 1단계, 2단계 실험을 완료했으며 2022년에는 세 번째 단계를 시작했다.

릭스방크가 CBDC의 도입을 검토하게 된 배경은 급속한 무현금화로 현금 발행이 계속 감소하고 있었기 때문이다. BIS 조사에 따르면 2008년 세계 금융 위기 이후 초저금리 정책하에서도 스웨덴의 무현금화로의 전환은 계속되어 2019년 현금 유통고 대 명목 GDP 비율은 1.3%였다. 참고로 현금 유통고 대 명목 GDP 비율은 일본이 21.1%로 압도적으로 높고 미국은 8.2%, 유로권은 10.9%이며, 스웨덴과 마찬가지로 무현금화가 급속히 진행되고 있는 중국에서도 8.7% 수준이다.

릭스방크에 따르면, 스웨덴에서는 10년간 현금 유통 잔고액이 약 40% 감소했다. 그 이유로는 ① 현금 인출이 가능한 은행 지점이나 ATM의 수가 적은 점, ② 한국의 주민등록번호에 해당하는 국민 식별번호제도가 전통적으로 확산하여 세무서가 모든 개인정보를 파악하고 있어 경제적 프라이버시는 거의 존재하지 않으며, 현금의 소멸로 탈세가 매우 곤란하다는 점을 들 수 있다.

스웨덴의 국토 면적은 한국의 약 5.3배, 인구는 5분의 1인 약 1,067만 명으로 도시 간에 떨어져 있어 현금의 수송·회수 비용과 과소지의 ATM 유지 비용이 많이 들었다. 각 은행은 현금 없는 사회를 추구함으로써 비용을 절감하고 경영의 효율화를 도모하는 방향으로 전환했다. 스웨덴 금융 업계는 5대 은행이 중심으로 과다한 경쟁이 없어 은행 간의 협력이 비교적 용이했다. 우선 각 은행의 ATM을 공용화함으로써 지점과 ATM 망의 통합을 촉진하여 비용 절감을 도모했다. 그 후 비용 절감으로 마련한 자금을 새로운 전자화폐의 공동 개발·보급에 투입했다. 그 결과 만들어진 서비스가 2012년 휴대전화

번호와 은행 계좌를 연결한 모바일 개인 송금 스위시 Swish이다. 스위시의 결제 시스템을 지탱하는 것이 전 국민에게 할당된 개인번호와 은행 계좌를 연결해 놓은 '뱅크 ID'라는 인프라이다. 뱅크 ID는 은행 계좌 개설이나 대출 신청, 확정 신고 등의 인증 수단으로 널리 보급되어 있으며, 스위시도 이용자한테 거부감 없이 확산됐다. 스위시의 등장으로 신용카드나 직불카드로는 대응할 수 없었던 개인 간 송금도 가능해져 비현금화가 급격히 진행됐다.

릭스방크가 CBDC를 발행하는 목적은 무현금화 상황에서도 결제 시스템의 효율성과 안전성을 촉진하고 통화 주권을 유지하는 데 있다. e-크로나에 요구되는 역할은 ① 가계가 위험 요소가 없는 지급 수단의 접근성 확보 ② 고령자 등의 디지털 취약 계층도 이용할 수 있는 서비스의 개발 환경 제공, ③ 민간의 혁신을 촉진하기 위한 중립적인 인프라 제공이다.

[중국] 위안화의 디지털화를 넘어 국제화에 착수

리브라에 가장 크게 반응하고 가장 먼저 화폐의 디지털화에 착수한 것이 중국 인민은행이었다. 중국에서는 유선전화망이 전국에 확산하기 전에 휴대전화가 보급되었다. 그 덕분에 알리페이와 위챗페이 등 모바일 결제가 전 국민 서비스로 자리 잡게 되었다.

중국 정부는 다양한 분야에서 하이테크를 지향하는 성향이 강하다. 중국은 일찍부터 디지털화폐를 연구해 왔으며, 그 와중에 페이스북이 리브라를 발표한다. 중국은 당초 리브라가 발표한 통화 바스켓 구성의 절반 이상이 미국 달러였던 사실에 발끈하게 된다. '패권 통화인 미국 달러가 앞으로도 세계를 지배하는 상황이 이어지고 이윽고 중국까지 잠식해 오는 것은 아닐까?' 하는 우려에 선제 공격이라기보다는 위안화의 방어 차원에서 디지털화를 서둘렀다고 표현하는 편이 맞다.

선전시 등에서 CBDC를 사용한 전자 결제 실증 실험에 나섰으며 2022년 베이징 동계올림픽을 앞두고는 하이난성, 상하이시, 후난성 창사시, 산시성 시안시, 산둥성 칭다오시, 랴오닝성 다롄시의 6성 시와, 베이징시 등으로 실험 지역을 확대했다.

중국 정부는 올림픽이 끝난 후에도 실증 실험 대상 지역을 계속 확대해 나갔다. 또한, 2021년 9월에는 디지털 위안화에 위협이 될 수 있는 민간의 암호화폐 투자를 전면적으로 금지했다. 미국과 유럽은 중국이 일대일로—帶—路[2]구상 등을 통해 디지털 위안화를 국제적인 결제 통화로서 보급하지는 않을까 경계하고 있다. 그러나 소액 결제라면 모를까, 개인의 자산 상황이나 돈의 흐름이 정부한테 훤히 노출되는 것을 좋아하는 국민은 세계 어디에도 없을 것이다. 아이러니하게도 중국 정부가 통제를 강화하고 강압적으로 권력을 휘두르면 휘두를수록 위안화가 패권 통화로 가는 길은 요원해질 것으로 보인다.

[유럽] 2023년 가을 디지털 유로의 실현 개시를 판단

선진국 중에서도 CBDC 도입에 적극적인 태세를 유지하는 나라가 유럽연합이다. ECB는 2020년 10월 디지털 유로의 발행이 정당화된

---

2) 중앙아시아와 유럽을 잇는 육상 실크로드(일대)와 동남아시아와 유럽, 아프리카를 연결하는 해상 실크로드(일로)를 뜻하는 말로, 시진핑(習近平) 중국 국가주석이 2013년 9~10월 중앙아시아 및 동남아시아 순방에서 처음 제시한 전략이다. (출처: 네이버 지식백과)

다면 그 근거는 무엇일지, 어떤 영향이나 문제점이 있을지 등을 정리하는 보고서를 발표했다. 해당 보고서를 토대로 다양한 의견과 몇 가지 테스트를 거쳐 2021년 7월 디지털 유로의 본격적인 조사에 착수하기로 했다. 동 조사는 2년 2021년 10월~2023년 10월에 걸쳐 이뤄졌으며 이 기간에 실제로 디지털 유로를 개발할 수 있는 단계에 이르는 것을 목표로 삼았다. 실제로 개발 단계로 이행해 가는 것이 결정된다면 개발 기간은 3년 정도로 전망한다.

ECB의 라가르드 Lagarde 총재는 디지털 유로의 도입을 검토하는 목적이 '디지털 시대에 국민과 기업이 가장 안전한 통화인 중앙은행 화폐에 접속할 수 있도록 하는 것'이라고 말한다. 이 발언은 디지털 시대의 중앙은행은 시민과 기업을 상대로 중앙은행권을 제공할 뿐 아니라 CBDC를 이용할 수 있는 환경을 구현하는 것이 불가결하다는 취지로 해석할 수 있다. CBDC 도입에 전향적인 ECB의 자세를 볼 수 있는 부분이다.

유럽연합에서는 비자, 마스터카드 등 미국계 결제 서비스가 역내에서 큰 점유율을 차지하는 점을 문제시해 왔다. 따라서 유럽이 주도하는 결제 서비스를 도입하자는 움직임이 이전부터 있었다[3]. 또한, 유럽연합 역내의 국가마다 결제 서비스를 독자적으로 보급하다 보니 역내 시장 통합에 걸림돌이 된다는 문제의식도 있다. 디지털 유로의 도입이 이러한 문제에 해결책이 될 수 있을지도 모른다는 발상이 유럽연합이 CBDC에 대해 전향적인 자세를 취하게 된 배경이다.

3) https://www.americanbanker.com/payments/news/can-eu-banks-unite-against-visa-and-mastercard

Part 4. 새로운 금융 생태계의 탄생

[미국] 디지털화폐에는 다소 소극적

이미 지배적인 패권 통화인 달러를 가진 미국은 유럽에 비하면 새로운 통화 시스템의 도입에 대단히 느긋할 수밖에 없다. 그렇다고는 해도 중앙은행에 상당하는 FRB에서는 2020년 8월에 CBDC의 연구 개발을 시작했으며, 보스턴 연방은행과 매사추세츠공과대학MIT은 CBDC의 공동 개발 프로젝트인 '프로젝트 해밀턴 Project Hamilton'을 시작했다.

2022년 1월 미국 FRB는 CBDC에 관한 보고서를 발표했고 3월에는 조 바이든 Joe Biden 미 대통령이 CBDC를 포함한 디지털 자산의 연구 개발과 관련된 대통령령에 서명했다. 같은 해 9월에는 이들을 정리하는 형태로 작성해 백악관에서 〈미국 CBDC 시스템의 기술 평가Technical Evaluation for a U.S. Central Bank Digital Currency System〉라는 보고서[4]를 발표했다. 본 보고서에는 CBDC의 상세한 분석이 실려 있으며, 중국을 의식한 통화 패권에 관한 지정학적 우려를 적고 있지만 FRB 내부에서 CBDC에 대한 부정적인 여론이 팽배해 유럽연합에 비해 신중한 태세를 취하게 됐다[5].

미국은 연방에 대한 주州의 입장을 중시하고 자금이 뉴욕에 집중되거나 금융 분야에서 막강한 권한을 행사하는 중앙기관이 등장하는 사태에 대한 경계심이 역사적으로 강한 나라이다. 원래 중앙은행

---

4) https://www.whitehouse.gov/wp-content/uploads/2022/09/09-2022-Technical-Evaluation-US-CBDC-System.pdf

5) https://www.wsj.com/articles/fed-prepares-to-launch-review-of-possible-central-bank-digital-currency-11633339800

의 설립도 난항을 겪었으며 선진국의 중앙은행과는 이질적인 연방준비제도 Fed라는 구조를 도입한 경위도 있다. 이 때문에 CBDC를 통해 FRB가 소매 결제를 담당한다는 구상은 앞으로도 강한 비판을 받을 가능성이 크다.

[일본] 확실한 준비 자세

일본은 2017년부터 ECB와 함께 분산원장 기술이 금융 시장 인프라에 가져올 수 있는 이점과 과제에 대한 공동 연구를 실시해 왔다. 2021년 4월~2022년 3월에 걸쳐 '개념 증명 1단계'를 실시해 CBDC의 실현 가능성 유무를 검증하기 위한 실험 환경을 구축했다. 2022년 4월~2023년 3월에는 '개념 증명 2단계'로 옮겨가 파일럿 실험을 시작함과 동시에 민간 기업이 참여하는 'CBDC 포럼'을 설립했다. 동 포럼에서는 'CBDC 시스템과 외부 인프라 및 시스템 간의 연결', '부가 서비스와 CBDC 생태계', 'KYC와 사용자의 인증 및 권한 부여'라는 3가지를 테마로 워킹 그룹이 시스템 설계에 대한 논의를 심화시키고 있다.

현재로서 CBDC 발행 계획은 없지만 향후 환경 변화에 대응하기 위한 준비가 착실히 진행되고 있다.

[한국] 2024년 대규모 CBDC 임상시험 예정

한국은 2024년 말까지 전체 인구의 0.2%에 해당하는 10만 명에게 CBDC 시범 서비스를 제공하겠다고 발표했다. 파일럿 CBDC는 지정된 결제에만 사용할 수 있으며 개인 송금과 같은 다른 목적으로는 사용할 수 없다. 이 이니셔티브에는 CBDC 발행 및 배포의 타당성과 효과를 평가하기 위한 기술 실험도 포함된다. 일례로 탄소 배출권과 결제 토큰을 활용한 송금 및 거래의 타당성에 대한 실증 실험을 진행할 계획이다.

디지털 시대의 새로운 통화 시스템의 미래는 토큰화tokenization[6]가 열쇠를 쥐고 있다고 말한다. 토큰화로 중앙 관리 시스템에서 벗어나 스마트 컨트랙트 구현 등을 통해 현재의 통화 시스템이 지금까지 실현할 수 없었던 새로운 유형의 경제적 효과를 실현할 가능성이 있다. 그러나 암호화폐는 가격 변동이나 관리 감독 체제의 과제 등도 있어 앞으로도 이러한 역할을 맡을 것 같지는 않다. 또한, 시중 은행이나 민간 결제 사업자 등이 분산원장 기술을 사용한 스테이블코인 개발에 열심히 매달리고 있지만 테라-루나 사태에서 보듯이 안정적으로 유지되어야 마땅한 가격이 페그를 상실하는 경우가 발생한다. 그렇게 되면 통화의 효율성과 안전성이 손상될 뿐 아니라 스테이블코인이 사일로화되어 CBDC와의 상호 운용성이 결여되기 때문에 토큰화의 장점을 충분히 누릴 수 없다.

BIS의 공표 자료에서는 도매형 CBDC와 토큰화된 은행 예금 등을 활용하여 결제의 효율성과 안전성을 대폭 향상하는 것을 목적으로 하는 통합 원장unified ledger 아이디어를 접할 기회가 늘고 있다. BIS의 움직임과 보조를 맞춰 한국 중앙은행은 통합 원장의 실험을 추진하겠다고 공표했다[7].

'통합'이라는 이름에 걸맞게 CBDC, 토큰화된 은행 예금, 토큰화된

---

6) 프로그래밍 가능한 플랫폼에 디지털로 채권을 표현하는 과정(BIS Annual Economic Report 2023, 2023년 6월 20일)

7) https://www.bis.org/publ/othp77.htm

자산전자화폐, 증권 등의 결제를 모두 하나의 플랫폼에 집약하는 것으로, 통화의 단일성과 CBDC가 갖는 최종 파이널리티가 보장되는 구조다. 가령 국내외 송금이나 증권 결제에서 여러 데이터베이스에 순차적으로 메시지를 전송할 필요가 없어 결제 지연이 해소되고 결제 리스크를 줄이는 효과를 기대할 수 있다. 또한, 무역 금융에서는 GPS 및 IoT 기기에서 수집한 선박의 운항 상황 등의 데이터를 바탕으로 스마트 컨트랙트 기반의 자동 대출 실행이나 금리 변경이 가능하며 선적 서류의 위장에 의한 부정 거래를 방지하는 효과도 평가받고 있다.

한국은 2020년 CBDC 전문 연구 부문을 설립하고 2021~2022년에 걸쳐 소매 CBDC에 관한 다각적인 연구를 진행했다. 기술적 이해의 폭은 상당히 넓어졌지만, 이미 결제 인프라가 세계 최고로 발달한 나라에서 소매 CBDC는 네이버페이, 카카오페이, 삼성페이 등에 비해 명확한 우위성을 찾기가 어렵다. 우리나라는 실물 화폐 중심에서 신용카드 결제를 거쳐 스마트폰 등 모바일 기기를 중심으로 한 지급 결제까지 다양한 문화가 혼재돼 발달했다. 따라서 한국은행은 한국에서 소매 CBDC의 도입에 착수할 필요가 없다는 결론에 이르렀다.

그 후 한국은 도매형 CBDC를 포함한 통합 원장 프로젝트에 BIS와 함께 착수한다고 발표하고 그 목적을 다음과 같이 설명한다.

① 암호화폐에 대한 국민의 관심을 보다 혁신적, 건설적 그리고 책임 있는 결제 시스템으로 향하도록 하는 것

② 토큰화라는 새로운 개념이 자산 영역에 통합되도록 지원하는 것

③ 프로그래머블 디지털화폐를 도입하여 결제 시스템의 효율성을

크게 향상하는 것

④ 개별 은행 및 토큰화된 자산 네트워크의 운영자가 자체적으로
시스템을 구축할 때 발생할 수 있는 사일로화의 폐해를 막는 것

또한, 한국은행 총재는 스테이블코인의 이용이 확대됨에 따라 CBDC 도입을 긴급히 검토해야 할 필요성이 있음을 강조했다. 통합원장의 실현을 전제로 한다면 다양한 디지털화폐가 동일한 플랫폼 위에서 활용 가능해지고 그 뒷받침이 되는 도매형 CBDC를 발행하는 이점이 나올 수 있다.

전 세계 중앙은행이 BIS 등과 협력하여 CBDC 발행을 모색하는 다양한 프로젝트를 추진해 왔지만, 선진국에서 CBDC 발행을 결정한 국가는 아직 없다. 통합 원장이라는 새로운 구상에 기대가 모이지만 한국은행이 발표한 리포트에 따르면 중앙은행이 운영하는 단일 네트워크상에서 모든 토큰화된 자산을 발행·유통하는 것이 현실적이지 않을 수 있다고 언급했듯이 실현 가능성은 여전히 불투명하다. 그러나 소매형 CBDC의 도입 준비는 불필요하다고 일찍이 결론지은 한국이 도매형 CBDC의 재검토를 표명한 일은 주목할 만하다.

많은 선진국이 오랜 세월 동안 잘 운용되어 온 결제 인프라에 비해 소매 CBDC의 이점을 찾아내지 못했다. 어쨌든 통합 원장의 구상은 각국의 CBDC 발행이나 크로스보더 결제 활용 논의에 영향을 미칠 가능성은 있어 한국 이외에 어떤 선진국이 관심을 보일지도 눈여겨 볼 일이다.

2

세계 최초의 CBDC는
왜 소멸했을까?

아반트의 도입부터 소멸까지

오늘날 주요 국가에서 CBDC 이니셔티브가 본격화된 계기는 리브라와
같은 암호화폐를 이용한 결제 서비스가 부상하게 된 점이 작용한다.
비트코인이나 이더리움에서 사용하는 분산원장 등의 기술을 CBDC에
어떻게 응용할 것인지 주목했으며, 실제로 그러한 방향으로 많은 실
험이 이뤄지고 있다. 그런데 CBDC가 분산원장 기술이 등장하고 나
서야 비로소 실현 가능해졌다는 견해가 있는데 이것은 잘못된 생각
이다. CBDC는 실제로는 30년 전부터 존재했다.

　한때 중앙은행은 개인 예금을 취급한 적이 있다. 예를 들어, 스페
인 중앙은행은 1962년까지 개인 예금을 받았다. 또한, 1993년 핀란드

에서는 중앙은행이 개인을 대상으로 디지털 통화인 아반트 Avant를 발행했다. 그러나 중앙은행이 다른 금융 시스템과 경쟁하지 않도록 중앙은행의 개인 대상 예금은 폐지되었으며 아반트도 사용자의 규모가 너무 작아 10년이 지나 접게 되었다. 요컨대 CBDC 자체가 결코 새로운 것이 아니라 기술 혁신에 따른 디지털화를 배경으로 구매자와 판매자가 언제 어디서나 쉽게 접근할 수 있는 유비쿼터스 환경을 구현할 수 있게 되었다는 점이 참신하다.

세계 최초의 CBDC는 핀란드 중앙은행이 1992년 제작해 1993년 발매한 아반트다. 아반트는 내장 IC칩에 가치를 기록하는 방식의 선불 스마트카드를 활용한 CBCD였다[8]. IC 카드형 전자화폐는 영국의 몬덱스 Mondex, 1995년 도입나 독일의 겔트카르테 Gelt Karte, 1996년 도입 등이 선구적 사례로 유명하지만, 핀란드 중앙은행이 발행한 아반트는 이들보다 선행한 사례라 할 수 있다. 아반트는 핀란드 중앙은행이 아반트 카드의 운영을 위해 설립한 자회사Toimiraha가 발행하는 전자화폐로, 해당 자회사의 부채이다. 따라서 중앙은행의 직접적인 부채가 아니기 때문에 엄밀한 의미에서는 CBDC가 아니라는 견해도 있을 수 있다. 그러나 핀란드 중앙은행의 후원으로 전자화폐가 발행되었다는 사실이 확증됐기 때문에 CBDC로 분류할 수 있을 것이다.

핀란드 중앙은행은 1987년에 민간 은행과 헬싱키 공과대학 간에 최초의 선불형 IC 카드 실험이 이뤄진 것을 계기로 이 기술에 관심을 가져 전문가를 고용하고, 1990년 관계자를 모아 세미나와 미팅을 시

---

8) 핀란드에 관한 설명은 Aleksi Grym, 'lessons learned from the world's first CBDC,' BoF Economics Review, No. 8/2020에 기초한다.

작했다고 한다. 1991년 핀란드 중앙은행은 민간 은행 및 대형 소매 그룹과 논의해 잠재적 수요와 시장 규모를 검토했다. 당시 민간 은행에서는 IC 카드 도입으로 현금 취급 비용이 절감되는 긍정적인 효과가 있을 것이라는 호의적 의견과 더불어 잠재적인 경쟁 상대로서 경계하는 의견 또한 있었다고 한다. 같은 시기에 핀란드 교통부는 대중교통 요금의 지급 수단으로 IC 카드 도입을 목표로 삼고 있었고, 다른 부처 및 지자체에서도 주차장 정산 요금, 전화 요금을 비롯해 소액 지급 수단으로 IC 카드의 도입을 구상하는 움직임이 표면화했다. 이에 따라 핀란드 중앙은행은 서로 다른 규격이 공존하는 문제나 보안 및 감독상의 문제가 일어나지 않도록 소매 지급 수단의 IC 카드 개발에 주도적인 역할을 하겠다는 의사결정을 내렸다. 다만 장기적으로는 핀란드 중앙은행이 이 역할을 계속 맡는 것이 아니라 민간 은행이나 소매 업계, 타정부 기관 등과 협조하면서 중앙은행의 역할을 지켜보겠다는 입장이었다.

1991년 핀란드 중앙은행 이사회에 제출한 IC 카드 계획에서 다음과 같은 절차를 제시했다. 이용자는 대리점 등을 통해 카드 발행자핀란드 중앙은행가 발행한 IC 카드를 구매한다. 그리고 구매 대금에 상응하는 가치가 기록된 IC 카드를 사용하여 매장에서 결제를 하면 대금분만큼 IC 카드에서 빠져나간다. 매장 측은 정기적으로 단말의 잔고에 상당하는 금액을 카드 발행자에게 보여 주고 점포의 은행 계좌에 입금하도록 한다. 충전 금액의 상한선은 2,000마르카약 43만 원로 설정했다.

아반트의 설계에서 가장 큰 원칙으로 내세운 점은 (1) 범용성가능한 한 많은 곳에서, 많은 용도로 사용할 수 있음 (2) 익명성카드 발급자는 발급한 IC 카드의

잔액 총액만을 관리할 뿐이지, 누가 어디서 얼마를 이용했는지 데이터는 수집하지 않음

(3) 효율성 비용이 절감되고 사용하기 편리하며 안전성이 있음이었다.

우선 재충전이 불가능한 카드 발행으로 시작하여 1994년부터는 2 단계 작업에 착수해 재충전이 가능한 카드를 발급하게 되었다. 최종 단계에서는 IC 카드가 동전과 소액 지폐의 50%를 대체함으로써 소액 거래의 지급 수단으로 중심적인 위치를 차지하는 것이 상정되었다. 최종 단계가 언제가 되는지 구체적으로 명시하지 않았지만 IC 카드는 수년 내에 보급될 것으로 생각했다고 한다.

아반트의 유통은 민간 은행이 주요 역할을 담당하는 것으로 상정했다. 그러나 당시 경기 침체기였기 때문에 민간 은행은 아반트와 관련된 사업에 투자할 여유가 별로 없었다. 따라서 핀란드 중앙은행은 대형 편의점 체인을 유통 사업자로 선정했다. 첫해에는 일회용 카드를 12만 5,000장 발행했다. 1994년에는 재사용이 가능한 충전형 카드를 도입했다. 1995년 시점에서 발행 매수는 50만 장으로 대부분의 공중전화에서 이용할 수 있었으며, 그 외 공영 주차장, 대중교통, 일부 매장에서 이용되었다. 일회용 카드에 비해 충전형 카드가 당연히 편리했지만 충전 장소와 네트워크의 정비 비용이 걸림돌로 작용했다. 당초에는 충전이 무료였지만 나중에는 수수료 2마르카, 약 430원를 부과하게 되었다. PC에 카드 리더를 연결해 아반트를 온라인 결제에 사용하는 것도 가능했다. 단지 당시에는 카드 리더가 비싸고 온라인 매장도 태동기였던 시기라서 온라인 결제에서 이용 시나리오는 한정적이었다.

발행한 지 3년째에 들어가 핀란드 중앙은행은 아반트를 민간에 매각하기로 했다. IC 카드를 이용한 소매 결제에 관한 표준화를 주도하

는 일은 중앙은행의 몫일지 모르지만, 소매 결제 서비스를 제공하는 영역은 민간이 주도하는 사업 형태가 되는 편이 합당하다는 판단이었다. 핀란드 중앙은행은 애초부터 아반트를 장기적으로 운영하겠다는 의도는 없었다.

마침내 아반트는 ATM 네트워크를 운영하는 민간 은행의 컨소시엄 회사에 매각됐다. 아반트를 재충전하는 장소로 ATM을 활용하는 쪽이 편리하다고 생각했으며, 아반트의 도입으로 민간 은행이 현금을 취급하는 데 드는 비용이 절감될 거라는 기대가 있었다. 매각은 1997년 완료되었지만 기존 ATM은 자기 스트라이프magnetic stripe형의 현금카드에 대응하고 IC 카드에는 대응하지 않았기 때문에 새로운 카드 삽입구를 추가해야 했다. 또한, 이용자 사이에 어떤 카드를 어느 쪽에 넣어야 할지 혼란도 생겼다고 한다.

아반트는 신용카드, 직불카드와 더불어 민간 은행이 제공하는 소액 결제용 선불형 카드의 하나로 자리매김했지만 비용이나 사용 편의성 문제가 생긴 나머지 아반트는 보급되지 않은 채 소액 결제는 여전히 현금으로 이뤄지고 있었다. 한편, 신용카드가 보급되면서 고액 결제는 신용카드로, 소액 결제는 직불카드로 이용하는 행태가 생기게 되었다. 이용자들은 충전이 불필요한 신용카드나 직불카드를 선호하게 되면서 아반트는 2003년 역사 속으로 사라지게 되었다.

흥미로운 점은 당시 핀란드뿐만 아니라 전 세계적으로 전자화폐가 현금을 상당 부분 대체하게 될 것이라는 견해가 많았다는 점이다. 아반트의 경우 실질적으로 중앙은행의 부채이며 지급할 때 서명 등도 불필요하고 익명의 결제가 가능하다는 점 등 현금과 동일한 속성을 가진 형태로 출발했기 때문에 더욱 그렇기도 하지만, 일반 전자화폐의 경우에도 동전의 상당 부분과 소액 지폐 일부를 대체하리라 예상했다. 그리고 이러한 현금과 지폐에서 전자화폐로의 전환이 금융 정책과 중앙은행의 시뇨리지통화 발행 수익에 미치는 영향을 둘러싼 논의가 1990년 후반에도 빈번히 일어나고 있었다. 그러나 이후에도 일부 국가를 제외하고 현금은 계속 광범위하게 사용되고 있으며 최근 몇 년에도 현금 잔고는 상승세에 있다.

모바일 CBDC의 선구자 Dineiro Electrónico

2014년 에콰도르 중앙은행이 도입한 Dineiro ElectrónicoDineiro는 돈, Electrónico는 전자를 의미. 이하 DE로 표기는 세계 최초의 모바일 CBDC였다. 2014년 2월에 성립한 법률로 도입 가능해졌으며 같은 해 12월에 한정된 사용자를 대상으로 도입되고, 2015년 2월 일반 사용자 대상 서비스가 시작되었다. 그러나 사용이 제한적이라 2018년 3월에 종료했다.

DE는 중앙은행이 운영하는 모바일 결제 서비스로, 휴대전화에서 국민 ID 번호를 이용해 계좌를 개설하고 민간 은행이나 상점 등의 거래 센터에 현금을 맡기면 그 잔고가 모바일에 반영되어 모바일에서 송금이나 결제를 할 수 있다. 또한, 거래 센터에서 현금을 인출할 수도 있었다.

기술로는 휴대전화 Unstructured Supplementary Service DataUSSD 프로토콜이라는 메시지 전송 메커니즘을 활용한다. 이 메커니즘은 스마트폰이 보급되지 않은 개발도상국에서 이전부터 송금·결제 서비스에 널리 이용되어 왔다. 케냐 국민의 대다수가 이용하는 모바일 머니 서비스인 엠페사 역시 그중 하나이다.

DE 또한 이 메커니즘을 채택하고 있지만 중앙은행이 서비스 운영을 담당하고 예금을 자체적인 부채로 관리한다는 의미에서 CBDC로 간주할 수 있다. CBDC의 정의에 '자국 통화로 발행한다'라는 항목이 있지만 DE는 미국 달러로 발행했다. 무엇보다 에콰도르에서는 2000년에 자국 통화인 수크레Sucre를 버리고 미국 달러를 법정통화로 삼는 달러화 정책을 채용하고 있다.

DE를 도입한 배경으로는 우선 금융 포섭을 들 수 있다. 에콰도르에서 15세 이상 인구에서 차지하는 은행 계좌 보유율은 2017년 시점에서도 51.2%에 불과했다. 이에 비해 휴대전화나 스마트폰의 보유율은 76.6%에 달했다. 따라서 은행 계좌가 없는 사람도 금융 서비스에 접근할 수 있도록 모바일을 활용한 금융 서비스를 제공하는 것이 중요한 과제였다. 송금·결제와 관련된 수수료도 은행 계좌 송금 수수료나 신용카드 결제 등에 비해 크게 저렴한 수준으로 설정되었다.

금융 포섭을 목적으로 한 모바일 결제 서비스의 도입은 다른 나라에서도 볼 수 있지만 에콰도르에서는 이것 외에도 또 다른 중요한 목적이 있었다. 달러 부족에 대한 대책 마련이었다. 에콰도르는 달러를 법정통화로 삼고 있지만 자체적으로 달러를 찍어 유통할 수 없고 원유나 농산물 등의 수출에서 얻은 달러를 국내에서 유통할 수밖에 없다. 따라서 경제 주체가 달러를 민간 은행에서 인출하려는 성향이 강하면 중앙은행은 달러 부족에 빠지게 된다.

특히, 2007년 1월에 반미 좌익적인 경제 운영을 내건 코레아Correa 대통령이 취임했다. 마침 석유 가격 하락의 여파로 2008년 외화 국채가 디폴트 사태에 빠져 달러 부족 문제가 심각해졌다. 2014년 2월 제정된 법률에 따라 전자화폐의 발행을 중앙은행에만 인정할 것, 국영 모바일 전화 회사인 CNT만이 모바일 결제 서비스를 제공할 것, 암호화폐를 금지할 것 등이 규정이었다. 이 법에 따라 DE가 시작한 것이다.

2014년 12월 도입 시 중앙은행 담당자는 2015년 말까지는 50만 명이 사용할 것으로 예상하였지만, 이 기간에 실제로 개설된 계좌 수는 약 5,000개에 불과했다. 정부는 DE 대중화를 촉진하기 위해 대중교통에서 사용할 수 있도록 하고, DE 결제 시 부가가치세를 2% 포인트 경감하는 조치도 취했다. 2017년에는 해커톤기술 개발 이벤트도 개최되고 DE를 활용한 소액 대출 등 새로운 서비스 아이디어를 많이 제시하였다.

그래도 DE의 보급은 제대로 진행되지 않았다. 도입한 지 3년 이상 걸려 최종적으로 개설된 계좌 수는 40만 2,515계좌였다. 1인당 계좌 1개를 개설하더라도 에콰도르 인구 약 1,700만 명 중 2.4%한테밖에 보급되지 않았다. 게다가 2017년 12월 시점에서 71%의 계좌는 전혀 이용 이력이 없었다고 한다.

보급이 이뤄지지 않은 가장 큰 이유는, 디폴트 사태에 빠졌던 국가를 기억하는 국민이 중앙은행보다는 오너가 사재를 투입하여 운영하는 민간 은행 쪽을 신뢰했기 때문이다. 물론 국민은 민간 은행 이상으로 달러를 신뢰하고 있었다. 민간 은행의 DE에 대한 비판도 DE에 대한 불신을 증폭시키는 결과를 초래했다. 민간 은행계는 DE가 달러 자체가 아니라 중앙은행이 만들어 낸 돈이므로 비非달러화 정책으로 이어질 것이라는 비판의 논조를 펼쳤다. 달러를 법정통화로 만들어 높은 인플레이션을 억제한 에콰도르에서는 국민 사이에서 비달러화로 이어지는 움직임에 대한 경계심이 강했다.

민간 은행계는 DE를 집요하게 비판했는데, 그 배경에는 DE의 보급으로 은행의 결제 수수료 수입이 감소하는 것에 대한 우려가 작용했다. 이 밖에 입출금이 이뤄지는 거래 센터의 숫자가 적었던 점도 보급에 방해로 작용했다. 지방의 거래 센터는 접근성이 열악한 경우가 많고, 도시에서는 창구에 행렬이 길게 늘어섰다고 한다. 휴대전화 데이터는 전국에 흩어진 다양한 장소에서 추가 구매가 가능하지만 DE의 충전만큼은 동일한 구조를 도입하지 않았다.

어쨌든 많은 국민이 중앙은행보다 민간 은행, 민간 은행보다 달러 현찰을 신뢰하는 국가에서는 CBDC의 보급에 무리가 있었다. 결국 2017년 5월에 취임한 모레노 대통령의 지시하에 같은 해 8월, 중앙은행의 DE 운영 중지가 발표되었다. 발표 시점에서 중앙은행 대신 민간 은행이 DE의 운영을 이어받을 방침이 나타났지만, 모레노 대통령이 거부권을 발동한 끝에 같은 해 12월 국회에서 DE를 폐지하기로 했다. 2018년 3월 DE 계좌는 폐쇄되었다. 모레노 대통령은 코레아 전 대통령의 추천을 받아 대통령이 되었음에도 코레아 시대의 정책을 뒤집는 결정을 잇달아 내놓은 것으로 알려졌으며 DE 폐지도 그중 하나였다.

과거 사례가 시사하는 바

(1) CBDC 도입에 있어 기술적 장애는 이미 없다

오늘날 IC 카드나 모바일카드가 크게 진화를 거두었으며 무엇보다 사람들이 그 서비스를 일상에서 결제에 이용할 수 있게 됐다. 이렇게 충분히 발전을 거듭하고 널리 보급된 기존의 기술을 사용함으로써 이전보다 훨씬 용이하게 CBDC를 도입할 수 있는 환경이 만들어졌다. 분산원장 기술처럼 아직 사회에서 범용적으로 이용하고 있다고는 말하기 어려운 기술을 채택해야만 CBDC를 도입할 수 있는 것은 아니다.

민간 은행은 수십 년 전부터 직불카드나 선불카드를 발행해 디지털 결제를 구현하고 있지만, 최근에는 스마트폰을 이용한 QR코드 결제와 비대면 결제 서비스도 제공한다. 인터넷 뱅킹과 모바일 뱅킹의 보급으로 사용자는 오프라인 매장을 방문하지 않고도 계좌를 개설해 이러한 서비스를 이용할 수 있다. 매장 측도 굳이 고가의 결제 단말기를 도입하지 않아도 스마트폰이나 태블릿에 앱을 다운로드하면 무현금 결제를 도입할 수 있다.

이처럼 CBDC는 민간 은행에서 이미 구현하고 있는 디지털 결제 서비스를 민간의 지지를 지렛대로 삼아 중앙은행이 도입함으로써 시작할 수 있다. 분산원장처럼 여전히 발전 단계에 있는 기술의 사용성 테스트를 반복하고 나서야 비로소 도입의 실마리가 열리는 그러한 종류가 아니다. 오히려 첨단 기술을 활용하는 편이 CBDC 보급의 장애가 될 가능성조차 있다. 물론 분산원장 기술을 활용해 계좌 이체가 아닌 디지털 토큰 교환 형식으로 디지털 결제를 처리하는 방식을 취하면 프로그램화된 결제 등 새로운 서비스의 가능성이 열린다는 점도 생각할 수 있다. 따라서 첨단 기술의 응용 가능성을 연구하는 것이 의미가 있다.

그러나 만일 CBDC의 조기 도입을 요구하는 목소리가 높다면 첨단 기술 개발에 시간과 자원을 쏟을 일이 아니라 민간 은행에 이미 보급된 시스템을 중앙은행에 도입하는 편이 효과적일 수 있다. 보통 예금계좌의 기능이 핵심이지 정기 예금이나 대출 기능 등은 불필요하다는 점을 감안한다면 민간 은행의 시스템보다 단순한 시스템으로도 충분하다.

(2) 정책 목적의 명확화와 목적에 맞는 설계

주요 국가의 중앙은행이 CBDC를 신중하게 검토·진행하고 있는 배경에는 기술적으로 해결이 필요한 부분이 많기 때문이라기보다는, CBDC를 신속하게 도입해야 한다는 절실한 요구에 직면해 있지 않다는 점을 시사한다. CBDC를 조기에 도입하려는 강력한 니즈가 없을뿐더러 만일 도입한다면 당연히 여러 부작용이 초래될 수 있다. 따라서 도입하겠다면 어떠한 정책 목적을 실현하기 위함인지 확실한 합의를 형성하는 것이 불가결하다. 정책 목적이 명확하게 그려져 있지 않으면 설계를 구체적으로 검토하는 일 자체가 곤란하다.

아반트의 사례를 되짚어 보면 핀란드 중앙은행의 정책 목적은 다양한 주체가 IC 카드형 전자화폐의 도입에 대응할 가능성이 있는 상황에서 표준을 주도하는 데 있었다. 그리고 개발 후에는 서비스 운영의 주체가 중앙은행에서 민간 은행으로 이동하는 것이 당초부터 기획되어 있었다. 그런 의미에서 CBDC로서의 아반트는 사라지는 것이 당연히 예상되었다.

무엇보다 핀란드 중앙은행이 IC 카드형 전자화폐의 표준을 주도한 다는 정책 목적이 달성되었는지 여부는 불확실하다. 전자화폐 분야에 서는 1996년에 근거리 무선통신NFC 기술을 이용한 IC 카드형 전자화 폐가 실용화되어 세계적으로 보급되었다. 또한, 해당 기술 표준화를 담당한 주체는 개발을 주도한 노키아, 필립스, 소니가 설립한 'NFC 포럼'이라는 민간 단체였다. 1992년 당시 핀란드 중앙은행이 NFC 이 전의 접촉형 IC 칩이 탑재된 아반트를 도입한 것이 그 후 핀란드나 세 계의 전자화폐 발전에 기여했다는 기록은 확인할 수 없다. 하나하나 짚어 보면 특정한 결제 기술의 표준화를 주도하는 것이 과연 중앙은 행이 내거는 정책 목적으로 타당했는가 하는 의문도 생기게 된다.

한편, 에콰도르의 DE 사례에서는 금융 포섭이나 부족한 달러에 대한 대책이라는 정책 목적을 내걸었다. 이러한 정책 목적 자체는 적 절했을 수 있지만, DE의 도입은 이를 실현하는 데 필요한 CBDC의 설계가 철저히 이뤄지지 않았다는 점에 실패의 원인이 있을 것이다.

우선 민간 은행을 중앙은헹보다 더 신용하는 이 나라에서는 CBDC 에 연연하기보다는 민간은행의 서비스 개선을 촉구하는 정책이 더 적절했을지도 모른다. 또한, 금융 포섭을 목표로 한다면 금융 서비스 에 대한 접근성이 떨어지는 사람들은 도시보다 변두리 지역에 거주 하고 있을 가능성이 높기 때문에 거래 센터도 이러한 지역에 중점적 으로 배치했어야 한다. 그러나 그러한 배려가 뒷받침되지 못했다.

(3) 기존 디지털 결제의 보완책이 될 수 있을까?

아반트와 DE의 공통점을 꼽자면 당초 중앙은행 등의 관계자가 CBDC의 확산을 대단히 낙관적으로 전망하고 있던 점을 지적할 수 있다. 그러나 실제로는 최신 기술을 활용하고 국가가 무료 내지 저렴한 비용으로 제공하는 공공 서비스로 포지셔닝하는 것만으로는 단순히 보급되지 않는다는 점을 두 나라의 사례를 통해 알 수 있다. 확산이 일정한 수준에 달하지 않으면 네트워크 효과가 일어나지 않아 점점 사용하지 않게 된다. 확산 정도가 예상치를 훨씬 밑돌면 정책적 목표 달성 여부를 검증해야 할 뿐 아니라 프로젝트를 중단해야 한다는 목소리가 높아진다.

아반트와 DE의 보급이 수월하게 이뤄지지 않았던 이유 중에는 최신 기술을 사용하고 있던 점도 관련성이 있다. 이용자 입장에서는 익숙하지 않은 결제 방식이 일정 수준의 스트레스를 동반한다. 굳이 이것을 쓰지 않더라도 기존의 디지털 결제나 현금이라는 익숙한 대체 수단이 존재한다면 평소대로 생활하는 데 지장이 없다. 따라서 CBDC의 도입을 설계할 때는 기존의 디지털 결제 및 현금 대비 명확한 우위성을 부여해야 한다. 그것이 없으면 기존의 디지털 결제나 현금을 대체하기는커녕 보완재로서도 자리 잡을 수 없다.

우선 기존의 디지털 결제의 우위성에 대해 생각해 보자. 카드 결제 등 은행 계좌를 이용한 디지털 결제는 오랜 서비스 개선, 기술 향상, 영업을 통해 사람들에게 침투해 있는 점이 강점이다. 매장의 경우 CBDC의 가맹점 수수료 부담이 전혀 없거나 기존의 디지털 결제를 사용할 경우보다 수수료가 훨씬 적더라도 소비자 사이에서 CBDC가 선택받지 못하면 도입할 동기가 생기지 않는다.

아반트와 DE의 보급에 장벽으로 작용한 것은 사람들한테 익숙하지 않은 기술을 채용한 것 외에 충전식 방식도 한몫했다. 기존의 디지털 결제 사용자는 이미 급여, 연금 등이 입금되는 은행 예금계좌가 있어 그 잔고에서 이용 금액이 인출된다. 그런데 CBDC를 사용하려면 CBDC 계좌에 입금하는 수고가 필요하다. CBDC가 이 단점을 해결하기 위해서는 CBDC 계좌도 급여나 연금 등의 입금처로 선택할 수 있는 구조로 설계하는 방안을 생각할 수 있다.

현금의 보완책이 될 수 있을 것인가?

CBDC 보급에 있어서 또 다른 장애는 현금의 우위성이다. 사람들은 디지털 결제 이상으로 이미 현금 결제에 익숙해져 있다. 고령층에게는 특별한 기술 습득이 필요 없고 익명성도 보장된다는 장점이 존재한다.

현금 결제를 선호하는 사람들은 세 가지 유형으로 분류할 수 있다. 첫 번째는 수수료 부담 등 어떤 문제가 있어 은행 계좌, 신용카드 등을 사용할 수 없으며 현금에 의존할 수밖에 없는 계층이다. 두 번째는 디지털 결제 서비스를 이용하려면 할 수 있지만, 익숙하다는 이유로 현금을 선호하는 경우가 많은 계층이다. 세 번째는 탈세나 자금세탁 등 부정한 목적 때문에 자금의 출처나 용도를 은폐하기 위해 현금을 선호하는 계층이다.

CBDC 도입의 정책적 목적으로 첫 번째 유형의 사람들에 대한 대응, 즉 금융 포용을 내세우는 것은 자연스럽지만 이러한 사람들은 금융 및 IT 리터러시 문제로 두 번째 유형에 비해 CBDC를 비롯한 디지털 결제에 대한 저항이 강할 수 있다.

따라서 첫 번째 유형을 타깃팅하기보다는, 두 번째 유형의 사람들을 대상으로 현금 대신 사용하고 싶은 CBDC를 설계하지 않으면 첫 번째 유형한테는 보급되지 않고 금융 포용도 실현되지 않을 것이다. 비대면 결제를 이용하는 사람들 사이에서 현금을 선호하지 않는 환경이 자연스럽게 조성되기 전에 CBDC 도입을 추진하면 현금이 폐지되지 않을까 하는 우려로 CBDC에 대한 거센 반대가 일어날 수 있다.

소비자가 비대면 결제를 이용하지 않는 이유에는 과소비, 보안 및 프라이버시에 대한 우려, 등록 및 충전의 번거로움 등이 있다. 이 중 프라이버시에 관해서는 특정 민간 기업이 CBDC의 개인 데이터를 취득할 우려가 없다는 의미에서 수용을 촉진할 가능성이 있지만, 오히려 민간 기업보다 국가의 데이터 취득을 경계하는 목소리가 있다. 또한, 보안도 국가가 서비스를 담당한다고 해서 민간보다 뛰어나다고는 할 수 없다.

사용 상한선이 소액이고 현금에 가까운 익명성이 확보된 CBDC가 도입된다면 과소비, 보안 및 프라이버시에 대한 우려는 줄어들지도 모른다. 한편, 가맹점의 입장에서는 현재 신용카드나 간편 결제 수수료를 감안할 때 CBDC를 공공 서비스로써 무료 혹은 저비용으로 이용할 수 있다면 굳이 도입에 반대할 이유가 없다.

현금이 가진 우위성에 대한 대응 측면에서 고액권의 폐지나 고액 거래의 현금 지급 금지 등 일종의 현금 유통 억제책을 마련해 세 번째 유형의 현금 유통을 제한하는 방안도 생각해 볼 만하다. 세계에서 현금 이용 감소가 가장 급속히 진행되고 있는 스웨덴에서도 모바일 결제의 확산과 더불어 부가가치세의 탈세를 방지하기 위해 세금 당국과 시스템적으로 연결된 금전 등록기의 도입을 의무화한 점2011년부터 노점 판매도 포함, 2013년에 1,000크로나약 115달러 지폐를 폐지한 점이 현금 감소에 크게 기여했다고 한다.

　적절한 정책 목적을 설정하고 이를 실현하는 데 최적의 CBDC를 설계하기 위해서는 이러한 의사결정을 주도하는 거버넌스의 역할이 중요하다. 최종적으로는 법률 제정이 필요하겠으나, 결제 서비스의 본질을 전문적으로 검토·판단하는 역량이 요구된다.

　CBDC가 통화라는 측면이 있어 중앙은행 주도로 검토를 선행하는 것이 당연하지만, CBDC가 통화임과 동시에 결제 서비스라는 측면이 존재한다는 점을 감안하면 구체적인 정책 목적이나 설계를 검토하는 단계에서는 결제와 관련된 기관이 중추적인 역할을 담당해야 한다.

　CBDC 도입에 있어 민간 은행의 역할이 중요하다. CBDC의 도입으로 현금의 취급량이 감소하면 민간 은행에는 유리하다. 한편, CBDC 도입으로 민간 은행의 예금과 결제 사업이 축소되거나 과도한 시스템 투자가 필요할 것으로 예상한다면 민간 은행은 CBDC 도입에 반대하기 마련이다. 에콰도르처럼 민간 은행의 저항이 강하면 정치 문제로 이슈화되어 CBDC는 좌초될 수밖에 없다. 그런 의미에서 민간 은행에 미치는 영향을 고려해 설계하는 것이 필요할 뿐 아니라 CBDC의 정책 목적에 관한 국민적 합의가 형성되어야 하며 거버넌스 기관의 구성원이 그 정책 목적에 맞는 모양새를 갖추어야 한다.

1

도매형 CBDC는 국경을 넘는
결제에 변혁을 초래할까?

현재의 국제 결제 네트워크의 구조와 과제

러시아의 우크라이나 침공으로 2022년 2월에 결정된 대對러시아 금융
제재에서는 러시아 주요 은행을 국제은행 간 통신협회SWIFT 네트워크
에서 배제하고, 러시아가 미국 등 해외에 보유하고 있는 자산을 동결
하는 조치 등이 이뤄졌다. 러시아 루블화는 일시에 급락했으며 러시아
국내에서는 수입품을 중심으로 물가가 상승했다. 금융 제재의 여파가
얼마나 큰지를 러시아뿐만 아니라 각국이 재인식하는 계기가 됐다.

SWIFT이하 스위프트는 Society for Worldwide Interbank Financial
Telecommunication의 약자로, 은행과 다른 금융 기관 간의 국제 송금
인프라를 의미한다. 벨기에에 본사를 둔 협동조합으로 1973년 전 세계

금융 기관의 투자로 설립되었다. 200개 이상의 국가 및 지역에 있는 11,000개 이상의 금융 기관을 연결해 사실상 국제 송금을 독점으로 담당한다. 스위프트는 민간 조직이지만 유럽연합의 금융 제재 결정에 따라 특정 금융 기관을 송금 네트워크에서 제외할 수 있다. 이란 은행들은 2012년과 2018년에 제재를 받았고, 2022년에는 우크라이나 침공에 대한 제재로 러시아 주요 은행들도 스위프트에서 추출됐다. 스위프트에서 배제된 은행은 국제 송금에서 고립되므로 강력한 경제 제재 수단이 된다.

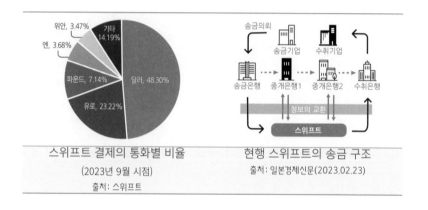

스위프트 결제의 통화별 비율
(2023년 9월 시점)
출처: 스위프트

현행 스위프트의 송금 구조
출처: 일본경제신문(2023.02.23)

국경을 넘는 결제 처리는 ① 송금 정보의 전달, ② 실제 자금의 전달 2가지로 이뤄진다. ① 송금 정보의 전달은 스위프트가 제공하는 시스템이 사실상 국제 표준으로 사용되고 있다. ② 실제 자금 전달의 경우 결제 통화를 현금으로 운송하면 상당한 시간과 비용이 들기 때문에 코레스 은행환거래은행, Correspondent Bank을 활용한다.

금융 제재가 막강한 효과를 가진 근본적인 원인은 달러 중심의 기축통화 체제, 그리고 스위프트와 코레스 계약에 근거한 은행 간 네트워크가 크로스보더 결제에 있어서 사실상 표준 규격이라는 점에 있다.

국제 결제에서 현행의 틀이 정착된 지 오래이지만 현행 구조는 송금에 걸리는 시간이나 비용, 정보의 투명성 등 적지 않은 과제를 안고 있다. 이러한 과제에 대한 해결 방안으로 각국 및 지역의 CBDC를 활용해 송금 네트워크 구축을 모색하는 국제적인 프로젝트가 여러 개 진행되고 있다. 이 프로젝트들은 현행 결제 네트워크를 대체하는 새로운 국제 송금 수단을 제공함과 동시에 향후 미국 달러의 일극 체제 및 이를 이용한 금융 제재의 효과에도 영향을 줄 가능성이 있다.

한국의 A은행_{미국 중앙은행에 계좌 없음}이 미국의 Y은행_{미국 중앙은행에 계좌 있음}에 달러 자금 결제가 필요할 때 A은행은 미국의 X은행_{미국 중앙은행에 계좌를 가짐}에 지급 대행을 부탁하는 경우가 많다. 이처럼 해외 송금에서 해당 통화의 중계 지점이 되는 은행을 코레스_{Corres} 라고 부른다. Corres는 Correspondent의 약자로 Correspondent Bank_{환거래 은행}를 의미한다.

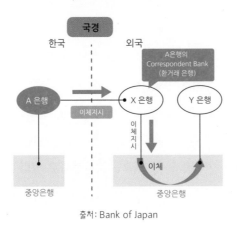

출처: Bank of Japan

일반적으로 국내 은행 간에 지급할 때는 한국은행에 개설한 당좌계좌를 사용한다. 이 경우 각 계좌의 잔액을 업데이트하는 것만으로 결제가 완료되므로 정산이 간단하다. 이처럼 실제로 현금을 옮기지 않고 자금을 이체하는 방법을 내국환 거래라고 한다.

그러나 국적이 다른 은행 간에 거래할 경우_{외환거래} 중앙은행에 해당하는 조직이 없기 때문에 다른 방법을 취해야 한다. 가령 한국의 A은행이 미국의 Y은행에 송금을 원할 경우 A은행은 미국 중앙은행에 예금계좌를 가지고 있지 않으므로 미국 중앙은행에 계좌가 있는 X은행과 환거래 계약을 체결하고 X은행에 환거래 계좌를 개설하여 예금을 입금한다. X은행은 그 계좌를 사용해 Y은행과의 송금 거래를 대행해 준다. X은행과 Y은행 간의 거래는 중앙은행의 예금 계좌를 통한 일반적인 내국환 거래가 된다.

현재 주요 은행은 통화마다 각 국가에 환거래 은행을 두고 있으며 미국 달러의 주요 환거래 은행에는 시티뱅크Citibank, JP모건 체이스 JPMorgan Chase 등이 있다. 또한, 도이치뱅크 Deutsche Bank는 유로화의 주요 환거래 은행이다.

국제 송금은 중계 지점 역할을 하는 환거래 은행을 통하여 거래해야 하는 경우가 많기 때문에 시간과 노력, 수수료가 소요되며 중계 지점 역할을 하는 은행에서 송금이 중단될 위험도 있다.

리플Ripple은 XRP라는 암호화폐와 분산원장 기술로 국제 송금에서 일어나는 문제점을 해결한다고 주장하고 있다.

현행의 구조에서 몇 가지 과제가 지적되고 있다. 예를 들어, 중계 은행을 거칠 때마다 수수료가 발생하여 송금 비용이 늘어나며 송금 완료까지 시간이 걸리거나, 중계 은행에 개설된 계좌의 유동성을 확보하기 위해 일정한 예금 잔고를 유지해야 한다. 그밖에 여러 중계 은행을 거치면 지급처와 최종 수취인에 대한 정보나 지급 상황을 추적하는 일이 어려워지는 문제 등이 생긴다. 이러한 문제점에 대한 대응으로 현행 시스템의 개편과 함께 CBDC를 이용한 새로운 국제 결제 플랫폼 구축을 모색하고 있다.

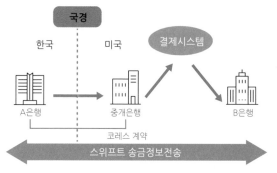

한국 A은행에서 미국 B은행으로 지급 결제를 요청하는 구조

CBDC를 이용한 국제 결제 메커니즘

CBDC는 중앙은행의 부채로 발행한 디지털화폐로, 우리들이 손에 넣을 수 있는 지폐를 디지털 데이터로 대체한 상태이다. CBDC는 주 사용자에 따라 도매형과 소매형으로 분류할 수 있다. 도매형은 무역이나 증권 거래 등 거액이 오가는 금융 기관 간 결제에 사용한다. 한

편, 소매형은 개인이 매장에서 지급하거나 개인 간 송금하는 소액 거래에 이용한다. 소매형과 도매형 중에서 국제 결제와의 관계성이 강한 것은 도매형 CBDCwholesale CBDC, 이하 wCBDC로 현재 여러 프로젝트가 진행 중이다.

wCBDC를 이용한 국제 결제는 실험 단계로 최종적인 시스템 구조는 확정되지 않았다. 현재는 각국·지역의 중앙은행과 시중 은행 간 블록체인 기술을 활용해 wCBDC를 교환하는 형식이 주를 이룬다. wCBDC는 결제에 드는 시간과 수수료를 줄이는 등 기존 메커니즘이 겪는 과제를 극복할 것으로 기대한다. 또한, 블록체인을 활용함으로써 스마트 컨트랙트 등 새로운 기능을 추가할 가능성이 있다. 스마트 컨트랙트는 특정 조건에서 작동하는 프로그램을 블록체인에 등록하고 조건이 충족되면 자동으로 실행된 후 그 결과를 블록체인에 기록하는 메커니즘이다. 이 기능을 사용하면 특정 중개자의 개입 없이 사전 설정에 따라 금융 서비스를 자동으로 제공할 수 있다. 백오피스 업무 부담 경감, 사람의 개입으로 인한 실수가 줄어드는 효과 등이 있다.

금융 제재에 미치는 영향

wCBDC를 이용한 국제 결제는 미국 달러와 스위프트를 이용한 금융제재의 효과에 영향을 미칠 가능성이 있다. 금융 제재의 유효성을 유지하려면 미국 달러 기축통화 체제와 현행 결제 구조가 중요한 역할을 담당한다. 국제 거래에서 결제는 거래에 사용하는 통화를 발행하는 국가나 지역의 금융 시장을 통해 이뤄진다. 따라서 미국 이외의 국가와 지역 간에 일어나는 거래에서도 미국 달러를 사용하는 경우에는 재미 금융 기관의 계좌를 통해 거래가 이뤄진다. 현재 국제 거래의 대부분은 미국 달러화이기 때문에 미국 내 계좌를 통한 미국 달러 거래가 정지되면 제재 대상국은 해외와의 거래에서 주요 결제 수단을 잃게 된다.

만일 wCBDC를 이용한 국제 결제 네트워크가 도입되면 각국·지역의 결제 통화 선택에 변화가 생겨 미국 달러 의존도가 저하되는 현상도 예상된다. 또한, wCBDC에 스위프트가 현재 담당하는 송금 정보 전달 기능이 추가되는 경우 스위프트는 불필요해진다. 그 결과 달러 및 스위프트를 이용한 금융 제재 효과가 약화하는 결과가 초래된다.

CBDC 국제 결제 네트워크에서 기축통화가 출현할까?

wCBDC를 이용한 국제 결제는 여러 프로젝트가 진행 중이다. 대표적으로는 2021년에 발표된 엠브릿지 mBridge와 던바 Dunbar가 있다. 2021년 2월에 발표된 엠브릿지 프로젝트 Multiple CBDC 또는 mCBDC Bridge Project는 중국, 태국, UAE의 중앙은행과 홍콩 금융관리국, BIS 이노베이션허브 홍콩[1]가 참가하고 있다. 한편, 2021년 11월 공표된 프로젝트 던바는 싱가포르 금융관리국, 호주, 말레이시아, 남아프

---

1) 기술 혁신을 통한 중앙은행 업무의 지원 및 금융 시스템 기능 개선을 목표로 삼는 조직. 홍콩, 싱가포르, 스위스 각지에 거점을 둔다.

리카의 중앙은행 및 BIS 이노베이션 허브싱가포르가 참가하고 있다. 두 프로젝트 모두 블록체인상에서 참가국이 발행하는 wCBDC로 국제결제의 문제점을 해결하는 것을 목표로 삼는다. 다수의 통화가 존재하는 가운데 외환 거래를 하는 경우, 각각의 통화로 거래하는 것보다 하나의 통화로 거래하는 편이 거래의 유동성이 높아지고 거래 비용도 절감된다.

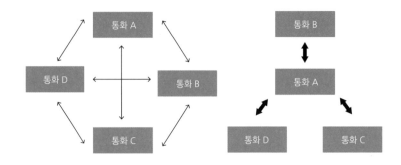

복수 통화의 교환 이미지

현행 국제 결제 시스템에서는 기축통화인 미국 달러가 외환 거래에서 매개 통화의 역할을 하고 있다. 그러나 현재 미국은 엠브릿지와 던바에 참여하지 않고 있다. 만약 참가국·지역의 wCBDC 중 하나가 매개 통화가 된다면 어떤 경위로 선택되는 것일까? 가령 실제 통화의 거래 수요의 크기가 유력한 결정 요인 중 하나가 될 수 있다. 다음 그림은 무역에 따른 통화의 거래 수요에 착안하여 엠브릿지와 던바 각각에 대해 각 참여국·지역의 역내 수출액을 비교한 것이다.

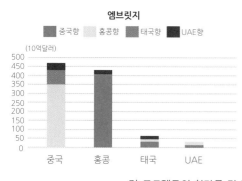
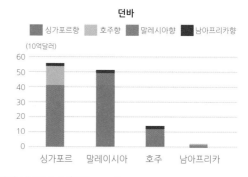

각 프로젝트의 참가국 및 지역 내 역내 수출액(2021년)
출처: 국제무역센터

엔브릿지에서는 중국이 홍콩, 태국에 역내 최대의 수출처이다. 엔브릿지의 '엔m'은 multiple을 가리키는 단어로, 참가국의 통화 간에 직접 거래가 이뤄지는 이미지가 떠오르기 쉽지만, 실제로는 중국의 wCBDC가 특정 역내에서 사실상 기축통화가 되는 발판이 마련될 가능성이 있다. UAE는 홍콩이 최대 수출처이지만, 수출액은 중국 수출과 같은 수준으로 해마다 중국이 최대 수출처가 된다. 또한, 홍콩은 중국의 무역에서 창구 역할도 담당하고 있기 때문에 홍콩으로 들어오는 수출의 일정 수준은 중국이 최종 수출처가 될 것으로 예상한다. 최근 중국·홍콩이 협동하여 위안화 결제의 이용을 촉진하고 있는 상황을 감안하면 위안화의 wCBDC로 거래 수요가 집중될 가능성이 있다.

던바에서 싱가포르는 말레이시아, 호주한테 가장 큰 수출처이다. 그러나 금액으로 보면 엔브릿지에서의 중국처럼 두드러진 존재라고는 할 수 없다. 물론 매개 통화의 결정에는 무역에 따른 거래 수요뿐만 아니라 유동성, 안정성, 신뢰성 등 다양한 요인이 관련되기 때문에 역내 수출액만으로 매개 통화를 예상하는 일이란 불가능하다. 그러나 수출액이라는 측면만을 놓고 보면 엠브릿지는 던바와 비교하여 매개 통화가 출현하기 쉬운 상황이다.

미국은 2022년 11월에 양 프로젝트를 따라갈 수 있도록 미국 단독으로 실시해 온 wCBDC의 연구 프로젝트를 2단계로 진행하고 있다. 2022년 11월 싱가포르 금융관리국이 진행하는 wCBDC 프로젝트인 프로젝트 우빈 Project Ubin과 공동으로 크로스보더 결제의 실증 실험인 시더 × 우빈+Cedar × Ubin+을 시작한다고 공표했다. 프로젝트 시더 Project Cedar는 2021년에 뉴욕 연방준비은행의 NY 이노베이션허브가 시작한 wCBDC 연구 프로젝트이다.

CBDC의 전반적인 연구에 적극적이지 않았던 미국이 wCBDC를 활용한 국제 결제 네트워크의 연구·개발을 시작한 배경에는 미국 달러의 기축통화 지위를 위협하는 존재에 대한 초조감일지도 모른다. 특히 미·중 갈등이 깊어지는 가운데 중국이 참여하는 엠브릿지의 선행과 그 존재감이 걱정거리로 작용할지도 모른다.

물론 wCBDC 기반의 국제 결제 영역에 미국 달러가 참여한다면 미국 달러를 이용한 국제 결제의 증가와 디지털 영역의 달러화 현상이 발생하여 세계 전체 거래에서 미국 달러의 기축통화 체제 및 금융 제재 능력이 오히려 강해질 가능성도 있다. 다만 엠브릿지 프로젝트에서 중국이 달러 의존도 탈피와 위안화의 국제화를 추진하는 점을 고려하면 엠브릿지 참가국 명단에 미국이 포함될 가능성은 작다.

CBDC 기반의 국제 결제 거래 향상을 목적으로 삼는 프로젝트

프로젝트명	참가국	연구 영역
엠브릿지 (mBridge)	홍콩, 태국, 중국, UAE	상업은행 간에 크로스보더 거래를 위한 4개의 wCBDC프로젝트 도출
던바 (Dunbar)	호주, 말레이시아, 싱가포르, 남아프리카	복수의 CBDC 개념이 기술적으로 가능한지 여부를 입증하기 위한 2개의 프로토타입 개발
시더 × 우빈 + (Cedar×Ubin+)	미국, 싱가포르	별도의 거버넌스와 운용 모델하에 구축된 이종의 네트워크를 연결하는 잠재적인 솔루션 연구
마리아나 (Mariana)	프랑스, 싱가포르, 스위스	외환 거래와 정산 절차 제고를 위한 스마트 컨트랙트 연구
아이스브레이커 (Icebreaker)	이스라엘, 노르웨이, 스웨덴	국내용 리테일 CBDC 시스템을 상호 연결해 크로스보더 거래 지원
주라 (Jura)	프랑스, 스위스	상업은행 간에 유로와 스위스 프랑 wCBDC의 전송

출처: BIS

결제 시스템의 혁신: DNS에서 RTGS로 전환

디지털 트랜스포메이션은 금융의 거의 모든 측면에 영향을 미쳤으며 결제도 예외가 아니다. 신속, 저렴, 편리한 결제 서비스를 원하는 니즈를 반영한 기술 혁신의 성과가 결제 시스템에까지 미치고 있다. 최근 많은 국가에서는 결제 시스템의 편의성 향상을 위한 노력의 일환으로 24시간 365일 이용할 수 있는 신속 자금 이체 시스템Fast Payment System, 이하 FPS을 도입하려는 움직임이 확산하고 있다. 물리적으로 떨어져 있는 사람들 간에 은행 예금을 주고받는 송금의 경우, 해외에서

는 송금 가능 시간이 평일 낮 등으로 한정되거나 송금부터 착금까지 수 영업일이 걸리는 경우도 많았다. FPS는 이러한 상황에서 야간 및 주말을 포함하여 24시간, 365일, 은행 계좌 간 송금이 가능하며 자금을 받은 상대방이 자금을 즉시 사용할 수 있는 송금을 가능하게 함으로써 편의성을 향상해 왔다. BIS의 조사에 따르면, 2000년경부터 많은 법역에서 FPS의 도입이 진행되고 있으며, 세계에서는 60개 이상의 법역에서 FPS가 가동 중이다. 또한, BIS 결제·시장 인프라위원회 CPMI 조사에 따르면, 동 위원회에 참가하는 27개의 법역에서 가동 중인 FPS의 숫자가 2005년 1개였지만 2023년에는 30개로 증가했다.

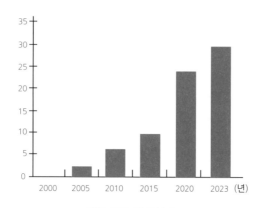

가동 중인 FPS의 수
출처: Committee on Payments and Market Infrastructure(2021)

그런데 사용자 경험 측면에서는 FPS가 자금의 이동이 즉각적으로 일어나지만 FPS에 직접적으로 참여하는 주체 입장에서는 청산·결제 방식에 따라 이연 차액 결제 Deferred Net Settlement, 이하 DNS 방식과 실시간 총액 결제 Real Time Gross Settlement, 이하 RTGS 방식이 존재한다. DNS는 참가 기관 간 결제 차액만을 지정 시점에 결제하는 방식을 의미하며, RTGS는 수취인 계좌에서 실시간으로 돈이 지급되는 순간 해당 건에 대해 은행 간 결제까지 완전히 마무리되는 형태를 말한다. 1980년경부터 도입된 각국의 결제 시스템은 DNS였지만 미국 실리콘밸리은행SVB 사태처럼 하루나 이틀 사이에 은행이 갑자기 파산에 이르면 해당 은행을 상대로 거래한 은행은 다음날 차액을 정산받을 수 없다는 맹점을 지니고 있다. 따라서 체계적 위험[2]을 낮추려는 목적에서 거액 거래가 많은 각국의 중앙은행으로부터 RTGS화가 시작되었다. 미국 연방준비제도Federal Reserve System, 이하 Fed와 ECB 등 중앙은행부터 스웨덴·러시아·캐나다·호주·홍콩 등의 민간 금융 기관에 이르기까지 RTGS가 속속 도입되고 있다.

한국은 2001년 세계 최초로 전자금융 공동망을 구축한 이후 오랫동안 DNS 방식으로 운영해 왔다. 고객 자금 이체에 따른 금융 기관 간 차액 결제는 다음 영업일11:00에 한국은행이 운영 중인 거액 결제 시스템BOK-Wire+을 통해 일괄 처리하는 방식이다. 그러나 각 금융 기관이 차액 결제에 앞서 미리 지급하는 이 방식에는 불가피하게 신용 리스크가 존재한다. 따라서 한국도 RTGS 방식의 결제 시스템을 2028년까지 도입할 예정이다.

---

2) 개별 금융 기관의 지급 불능 사태로 다른 금융 기관 및 금융 시스템 전반에 파급되는 위험을 의미한다.

국가	시스템명	운영기관	도입시점(년)
유로지역	RT1	민간(EBA Clearing)	2017
	TIPS	중앙은행(ECB)	2018
미국	RTP	민간(TCH)	2017
	FedNow	중앙은행(미 연준)	2023
호주	NPP	민간(NPPA)	2018
스웨덴	BIR	민간(Bankgirot)	2012
	RIX-INST	중앙은행(Riksbank)	2022
헝가리	GIROInst	민간(Giro Zrt)	2020
홍콩	FPS	민간(HKICL)	2018
브라질	PIX	중앙은행(BCB)	2020

주요국의 RTGS 방식 신속 자금 이체 시스템 도입 현황
출처: 한국은행

페드나우는 무엇을 꿈꾸는가?

미국은 세계에서 가장 발전한 금융 시장으로 다양한 금융 기관이 다양한 금융 상품을 거래하지만 지급 및 결제 시스템은 구식이다. B2B Business to Business, 기업 간 결제에는 여전히 환어음이 사용되고 있으며 상품 및 서비스 판매자는 자금 회수에 걸리는 시간이나 비용할인 수수료 등, 신용 위험 등으로 인해 부담을 안고 있다. 이러한 비효율적인 결제 시장 구조 덕분에 은행과 신용카드 업체는 막대한 수익을 올려왔다.

미국은 Fed가 RTGS 방식의 페드나우 FedNow를 2023년 7월부터 가동하기 시작했다. 페드나우 개발의 목적은 은행 예금을 사용해 실시간 결제 시스템을 미국 내 9,000개 이상의 은행과 신용조합이 공평하게 이용할 수 있도록 하는 것이다. 미국에는 페드나우와 유사한

시스템으로 민간기관인 The Clearing House TCH가 운영하는 RTP Real Time Payment Network가 있다. RTP는 2017년부터 가동되었지만 TCH는 민간 시스템인 만큼 미국 내 모든 금융 기관을 대상으로 실시간 결제 서비스를 효율적으로 공평하게 제공하는 데 한계가 있다. 그 결과 365일 24시간 금융 기관 간 실시간 결제가 가능한 페드나우를 구축하기에 이르렀다.

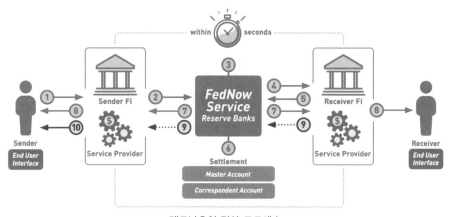

페드나우의 정산 프로세스
출처: substack

페드나우와 RTP 간의 차이점 중 하나로는 운영 주체의 차이에서 기인하는 금융 기관 간 결제 모델을 들 수 있다. RTP의 경우 뉴욕 연방준비은행에 있는 참여 금융 기관의 공동 계좌 RTP 공동 계좌를 통해 결제되는 반면 페드나우는 참여 금융 기관의 자체적인 중앙은행 계좌 마스터 계좌를 활용한다. RTP 공동 계좌는 마스터 계좌와는 별개의 계좌로, RTP 결제 시 유동성의 사전 확보 및 잔액을 확인해야 한다.

	The Clearing House의 RTP	페드나우
운영 주체	26개의 대형 상업은행	연방정부
사용하거나 파일럿 중인 은행 수	400개	120개 이상
개시일	2017년 11월	2023년 7월
정산 시점	즉시 이동	거의 실시간 자금 이동

RTP와 페드나우의 비교

미국에서는 몇 년 새에 젤Zelle, 벤모Venmo, 캐시 앱Cash app처럼 개인 간에 실시간으로 돈을 주고받을 수 있는 서비스가 등장했다. 이를 인스턴트 페이먼트instant payment라고 부른다. 인스턴트 페이먼트는 은행 온라인 계좌만 있으면 이용할 수 있고 무료란 점에서 장점이 있지만, 거래가 즉각적으로 이뤄지고 한 번 보낸 돈은 다시 취소할 수 없다는 점에서 범죄의 온상이 되고 있다. RTP를 결제 인프라로 사용하는 젤 앱에서 부정적인 피해를 본 소비자들이 속출하고 있다.

실시간 결제 시스템은 참여 금융 기관 입장에서 금융 기관 간의 채무나 단기 신용 리스크가 발생하지 않는다는 이점이 있으며 기존의 결제 처리 서비스 대비 수수료가 저렴하다. 특히 중소 금융 기관 입장에서는 대형 금융 기관 중심으로 구성된 TCH에 의존하지 않는 시스템을 원하는 경향이 있기 때문에 앞으로 페드나우에 참여하는 기관의 숫자가 늘어날 것으로 예측한다. 페드나우는 24시간 365일 상시 가동에 필요한 결제 시스템 및 회계 처리, 백 오피스의 업무 처리 등의 재검토가 요구되는 만큼 기술 측면, 운영 측면의 부담으로 조기 도입은 어렵지만 중앙은행이 광범위한 금융 기관에 제공하는 안전하고 중립적인 플랫폼으로 미국에서 은행 예금을 이용한 결제의 효율화가 진전될 것으로 보인다. 향후 페드나우의 확산은 서비스 업데이트나 실시간 결제에 대한 개인 및 기업 등 최종 사용자의 수요에 좌우될 것이다.

페드나우는 디지털 달러를 향한 일보 전진인가?

도널드 트럼프 전前 대통령은 2024년 1월 뉴햄프셔주 포츠머스Portsmouth에서 열린 선거 유세 연설에서 중앙은행의 CBDC 디지털 달러 발행에 반대한다는 강력한 성명을 발표했다. 트럼프 전 대통령과 공화당 핵심 인사들은 CBDC 발행이 자유에 대한 위협이자 FRB의 정치적 무기로 이용될 가능성이 있다고 단호한 입장을 취한다.

'정부의 폭정으로부터 미국 국민을 보호하겠다'라는 트럼프 대통령의 강력한 발언은 CBDC를 둘러싼 뜨거운 논쟁에 불을 지폈다. 디지털 달러에 대한 FRB의 제안이 특히 보수주의자들로부터 거센 비판을 받으면서 대선 정치와 암호화폐 정책의 교차점이 점점 더 뚜렷해지고 있다. 이러한 전개는 금융 환경에서 정부의 역할과 개인의 자유 및 개인정보 보호에 미치는 영향을 둘러싼 미묘하고 진화하는 대화를 반영한다.

디지털 혁명을 둘러싸고 일어나는 기술의 진화가 금융 산업에 의미하는 바가 무엇인지, 그리고 새로이 출현하는 서비스들의 역할과 관계는 어떻게 되는지 논란과 궁금증을 불러일으킨다. 페드나우가 미국판 CBDC인 '디지털 달러'를 출시하기 위한 은밀한 계획이라는 소문도 퍼졌다. 페드나우와 디지털 달러 간의 정확한 관계는 아직 명확하지 않으며, 페드나우가 디지털 달러 전환의 전초지 역할을 할지 여부는 여전히 불확실하다.

미셸 보우먼 FRB 총재는 "페드나우가 CBDC가 제기하는 몇 가지 문제점에 대해 해결책을 제시할 것으로 기대한다."라고 말했다. 이 발언을 페드나우가 CBDC와 대립각을 세울 것이라는 의미로 오해해서도 안 되지만, 연준 스스로 페드나우와 CBDC를 확연히 다른 관점으로 접근하고 있음을 시사한다. 페드나우와 CBDC는 완전히 다른 개념이지만 양쪽 모두 결제 및 은행 생태계 전반의 지속적인 진화와 관련이 있다.

언뜻 보면 페드나우는 wCBDC와 유사하다. wCBDC가 중앙은행, 상업은행 또는 기타 금융 기관에서 은행 간 거액의 거래를 정산할 때 독점적으로 사용되며 페드나우 역시 금융 기관만 사용할 수 있다. 그러나 이 둘은 태생적인 차이점이 있다. CBDC가 통화라면 페드나우는 결제 통로이다. 달러를 '물'에 비유한다면, 페드나우는 달러를 필요로 하는 곳으로 데려다 주는 '수로'이다. CBDC는 중앙은행이 실시간으로 민간의 금융 거래를 모니터링할 수 있어 더욱 효과적인 통화정책을 시행하는 데 도움이 되기 때문에 통화 정책에 상당한 영향을 미칠 수 있다. 반면 페드나우는 단순히 돈의 실시간 이동을 위한 채널일 뿐 법정화폐를 대체하지 않으므로 통화 정책에 큰 영향을 미치지 않을 것으로 예상한다. 그러나 페드나우가 대중에게 디지털 결제 시스템을 소개하고 CBDC 구현을 위한 견고한 기반을 제공하는 디딤돌 역할을 할 수는 있다.

페드나우의 출시는 이미 2019년부터 계획됐으며 2021년부터 120개 이상의 은행과 결제 서비스 제공 업체가 파일럿 프로그램에 참여했다. 2022년 3월, 조 바이든 대통령은 미국의 CBDC와 관련된 연구 개발의 중요성을 강조하는 행정명령을 발표했다. 또한, 제롬 파월Jerome Powell 연준 의장은 2022년 6월 페드나우의 출시를 발표하면서 암호화폐와 스테이블코인의 중요성이 커짐에 따라 연준이 디지털 달러의 가능성을 탐색한다는 점을 인정했다. 페드나우의 개발과 함께 연준이 디지털 달러의 가능성을 모색한다는 것은 미국이 결제 시스템을 현대화하고 달러의 글로벌 중요성을 유지하려는 의지를 보여 준다.

이러한 의미에서 페드나우가 디지털 달러 자체는 아니지만 연준이 미국 달러의 기축통화 지위를 유지하기 위해 디지털 달러를 발행한다면 페드나우를 어떤 식으로든 사용할 것임은 분명하다. 따라서 페드나우의 개발 및 출시는 디지털 달러의 생존 가능성과 효율성 타진에 중요한 통찰력을 줄 수 있으며, 나아가 디지털 결제 인프라의 토대를 마련하고 디지털 달러에 대한 대중의 이해도를 높여 추후 디지털 달러로 전환이 원활하게 일어나는 데 도움이 될 수 있다. 디지털 환경이 발전함에 따라 디지털 달러의 잠재적 출현은 계속해서 관심과 논의를 불러일으킬 것이다.

2

위안화의 국제화는 가능할까?

스위프트의 대항마로 부상한 CIPS

2022년 2월 러시아가 우크라이나를 침공함에 따라 러시아의 주요 은행이 스위프트에서 배제되었다. 이러한 상황에서 스위프트의 대체 수단으로 중국이 운용하는 위안화 국제 결제 시스템인 CIPS Cross-Border Interbank Payment System가 어부지리 격으로 주목받게 되었다.

CIPS는 중국이 위안화 국제 결제를 위해 구축한 시스템으로 결제 시스템 외에도 송금 정보의 전달 기능을 일부 갖추었다. 2015년 10월 가동을 시작했고 2018년에는 대규모 시스템 업그레이드가 이뤄졌다. 중국이 CIPS를 도입한 배경은 기존부터 가동된 국내 은행 간 위안화 결제 시스템 CNAPS China National Advanced Payment System가 스위프트에서는 대응할 수 없는 중국어 메시지라는 점, 중국 영업 시간에만

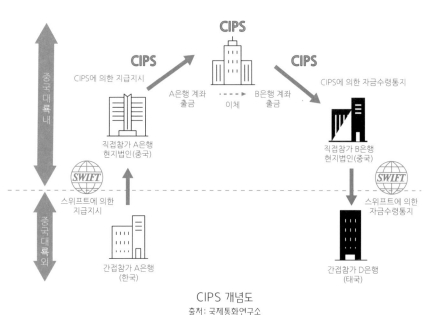

CIPS 개념도
출처: 국제통화연구소

가동된다는 제약이 있었다. 따라서 스위프트를 경유하는 위안화의 크로스보더 거래도 안정적, 효율적으로 대응하는 것을 목표로 한다.

CIPS는 위안화 결제의 중심을 담당하는 직접 참여 은행direct participant 과, 직접 참여 은행에 결제를 위탁하는 간접 참여 은행indirect participant 으로 구성된다. 직접 참여 은행은 CIPS 시스템 내부에 계좌를 개설하고 송금 정보의 전달에 CIPS 전용 회선 또는 기타 수단 등을 사용할 수 있다. 한편, 간접 참여 은행은 직접 참여 은행에 계좌를 개설해 간접적으로 참여하고, 송금 정보 전송에 CIPS 전용 회선은 사용할 수 없다. 해외에서 간접 참여 은행은 기본적으로 스위프트를 통해 직접 참여 은행에 위안화 결제를 위탁하는 경우가 많기 때문에 CIPS 참가자를 늘리려면 스위프트와의 협력이 중요하다.

구분	참가국	참가 금융기관 수	결제 처리 건수 (1일 평균)	결제 처리 금액 (1일 평균)
스위프트	200개국 이상	11,696행 (회원행 2,360, 준회원행 2,993)	4,480만 건 (2022년 1~12월)	5조 달러 (2022년)
CIPS	115개 국※	1,536행 (직접 참여 은행 142행, 간접 참여 은행 1,394행)※	1만 7,650건 (2022년 1~12월)	3,890억 위안 (593억 달러) (2022년 1~12월)

결제 처리 건수, 결제 처리 금액은 일본국제문제연구소(2023)을 참조
(※)는 2024년 5월까지의 데이터, 그 이외는 2022년 12월까지 데이터

스위프트와 CIPS의 운용 현황 비교

CIPS에 참여하는 기관 수는 2024년 5월 30일 기준 직접 참여 은행 142행, 간접 참여 은행 1,394행, 총 1,536행이다. 직접 참여 은행은 주로 중국 자본 은행이지만 미국, 유럽, 일본 대형 은행의 중국 법인 등도 몇 개 참가하고 있다. 소재지는 대체로 중국 본토이지만 본토 외에도 일부 있다. 직접 참여가 가능한 기관은 당초에는 중국 본토로 한정되어 있었지만, 2018년 이후는 중국 본토 외에서도 직접 참가가 가능해졌다. 한편, 간접 참여 은행 1,394행의 지역별 분포를 보면 중국 본토 내 564행, 중국 본토 외의 아시아 475행, 유럽 238행, 북미 28행, 오세아니아 21행, 남미 18행, 아프리카 50행으로 115개 국가 및 지역을 포함한다.

가동 개시	제1기 2015년 10월 제2기 2018년 5월(시범 운행은 2018년 3월 시작)
대상 통화	위안화(※ 2021년부터 홍콩 달러도 일부 대응)
결제 방식	RTGS(즉시 총액 결제) 방식, DNS(시점 결제) 방식을 병행
결제 대상	크로스보더 결제, 오프쇼어 결제
송금 메시지	ISO20022 준거, 중국어와 영어(현행 스위프트의 포맷과 변환 가능)
운용 시간	5영업일, 24시간+4시간 (휴일을 앞둔 영업일은 가동 개시 시각을 4시간 앞당김)

CIPS 개요

인민화의 국제화를 위한 지금까지의 경위

지난 몇 년 동안 국제 정세는 코로나19와 우크라이나 전쟁으로 큰 변화를 겪었다. 가치 판단은 차치하고 현재의 세계 질서는 영미 질서를 기준으로 성립되었다. 즉 영어언어, 미국 달러통화, 영미법법률, ISO제조 기준, 영미 회계 기준 등 비즈니스에 필요한 기본 기준이 영미의 기준으로 구성되어 있다. 그러나 국제 시장에서 이 영미 기준이 앞으로는 붕괴할 수도 있다는 목소리가 커지고 있다.

이러한 변화를 살펴볼 때 중요한 관점은 무엇일까? 첫째 우리는 법이 지배하는 사회에 살고 있기 때문에 사회 제도를 포함한 법이 바뀔 것인가 하는 문제가 있다. 둘째 우리는 화폐 경제에 살고 있기 때문에 기축통화가 변할 것인가 하는 문제이다. 셋째 경제 혹은 화폐를 지탱하는 정보가 어떤 형태로 오고 갈 것인가 하는 문제다. 즉 정보의 패권 경쟁이다. 그리고 정보의 패권 경쟁은 '하드웨어'와 '소프트웨어'로 나뉜다. '하드웨어'는 우주 개발 경쟁이다. 현재 대부분의 정보는 우주 위성을 통해 들어온다. 또 다른 하나인 '소프트웨어'는 6G와 같은 정보 시스템을 의미한다. 특히 중국은 우주 개발을 독자 추진하고 있으며 우주 정거장 건설은 물론 유인 비행, 달 뒷면 착륙, 화성 착륙 및 탐사에도 도전하고 있다. 이처럼 중국은 영국과 미국을 염두에 두고 우주 개발에 속도를 내고 있다.

몇 가지 예에 불과하지만 영미 표준에 기초한 세계 질서에 서서히 균열이 가고 있는 상황이다. 이러한 맥락에서 중국이 위안화로 미국의 통화 패권을 무너뜨리지 않을까 하는 시각이 있다. 제2차 세계대전 이후부터 기축통화로 자리매김해 온 달러의 패권이 조만간 붕괴하는 것은 아니겠지만, 국제 시장에서 달러의 패권이 흔들리고 있다고 느끼는 사람이 꾸준히 늘어나고 있는 것도 사실이다.

중국은 10년 이상 위안화의 국제화를 통해 국제 거래에서 위안화의 사용을 높이고 미국 달러에 대한 의존을 줄인다는 '탈달러화de-dollarization'를 추진해 오고 있다. 미국의 거시경제 동향이나 금융 정책이 자국 경제에 미치는 영향을 최소화하는 한편, 미국에 대항하는 형태로 세계적인 통화·금융 패권을 추구하겠다는 목적이다. 게다가 최근에는 미국에 의한 금융 제재의 효과를 억제하려는 목적도 있는 것으로 생각한다. (Nelson and Sutter 2021)

위안화의 국제화는 2001년 12월 중국의 세계무역기구World Trade Organization 가입을 계기로 시작되었다. 다음 해 2002년 11월 해외 기관투자가 중국 본토 시장에서 위안화 증권을 투자할 수 있는 적격 외국기관투자자QFII, Qualified Foreign Institutional Investor 제도가 창설되었다. 이에 따라 해외 기관투자자가 외화를 중국 시장에 반입하여 위안화로 교환한 후 위안화 증권에 투자하는 것이 가능해졌다. 그 후에도 자본 거래의 규제 완화가 이루어졌다.

2005년 2월에는 재정부·중국인민은행 등이 관련 세칙을 제정해 국제 개발 금융 기관이 중국 시장에서 위안화 채권예, 판다채을 발행하였다. 다음 해 2006년 4월에는 국내 기관투자자의 해외 시장 증권 투자를 용인하는 적격 국내 기관투자자QDII, Qualified Domestic Institutional Investor 제도가 창설되어 국내 기관투자자가 위안화를 외화로 교환한 후 해외 증권에 투자할 수 있게 되었다.

2008년 9월 리먼 브러더스의 파산에 따른 글로벌 금융 위기로 중국의 수출액과 성장률도 2008년 말부터 2009년 초까지 크게 악화됐다. 그러나 2008년 11월, 4조 위안의 경기 대책 가운데 수출 기업이 위안화 환율 변동 위험을 완화할 수 있도록 하는 위안화 무역 결제 도입이 검토되었으며, 같은 해 12월에 중국 정부는 일부 지역에 한정해 위안화 결제를 시험적으로 도입하기로 했다. 다음 해 2009년 7월에는 실제로 위안화의 무역 결제가 시작됐다.

또한, 홍콩과의 위안화 무역 결제 실증 실험에 있어서는 2009년 1월 중국 인민은행과 홍콩 금융관리국 간에 2,000억 위안의 위안화 통화 스와프가 체결되었다. 위안화로 수출입을 할 수 있다면 기업은 외화를 조달하는 비용을 부담할 필요가 없어지고 외환 변동 리스크에서 벗어나게 된다. 또한, 해외 자금 조달에서 외화가 아니라 위안화가 늘어나면 마찬가지로 기업은 환율 리스크를 피하게 된다. 미국과 같이 사실상 기축통화국의 지위를 획득할 수 있다면 해외로 지급하는 상당한 금액을 대부분 자국 통화로 처리할 수 있으며, 디폴트를 일으킬 위험도 상당히 낮아진다. 이러한 이점 외에도 위안화가 국제화가 된다면 미국과의 갈등 구도가 강해져 가는 가운데, 달러의 조달이나 달러 중심의 국제 결제 때문에 미국으로부터 압박을 받는 사태를 맞닥뜨릴 경우에도 미국의 금융 지배를 벗어날 수 있다는 목적에서 위안화의 국제화는 급선무라고 생각하게 되었다.

2012년 11월에 개최된 중국공산당 제18기 전국 대표대회_{당대회}에서 선출된 시진핑 지도부하에서 위안화의 국제화를 위한 대응이 본격화되었다. 2013년 11월, 중국공산당 제18기 중앙위원회 제3회 전

Part 5. 화폐와 결제 시스템의 핵심

체 회의에서는 '개혁의 전면적인 심화와 관련한 약간의 중대 문제에 대한 중공 중앙의 결정'이 채택되었다. 금융 분야에서는 금리의 단계적 자유화 및 예금 보험 제도의 창설, 환율의 단계적 자유화, 위안화 자본 항목의 자유 교환성의 단계적 추진이라는 금리·환율·자본 이동의 자유화를 위한 개혁 방침이 명기되었다. 이후에는 선진 주요국과 아시아 각국과의 사이에서 금융 협력 외교가 전개되었다.

그리고 2015년 11월에는 IMF가 위안화를 특별인출권Special Drawing Rights, 이하 SDR에 추가하기로 했다. SDR에 위안화가 편입되었다는 사실은 위안화가 달러 등에 이은 국제통화 대열에 동참하여 국제통화로서의 보증수표를 받았다는 획기적인 의미를 가진다. 이를 계기로 위안화의 국제화가 크게 진행될 것으로 기대돼 중국에는 숙원이 해결된 셈이었다. 그후 2016년 10월에 달러, 유로, 영국 파운드, 일본 엔으로 구성된 SDR에 위안화가 새롭게 추가되었다. SDR의 새로운 구성비에서 위안화는 10.92%로, 일본 엔 8.33%, 영국 파운드 8.09%를 웃돌아 단번에 달러 41.73%, 유로30.93%에 이은 세 번째 국제통화의 지위를 얻게 된다. 2022년에 다시 검토된 새로운 구성비는 미국 달러 43.38%, 유로 29.31%, 위안화 12.28%, 일본 엔 7.59%, 영국 파운드 7.44%였다.

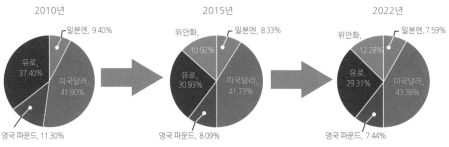

SDR의 통화 바스켓 구성비 추이
출처: 재무성 재무 종합정책연구소 파이낸셜 리뷰(2023년 6월)

중국 정부는 2014년 12월에 개최된 중앙경제공작회의 발표문에서 '인민화의 국제화를 꾸준히 추진한다'라는 단어를 사용했다. 2020년에는 중국 인민은행으로부터 CBDC의 발행 계획이 표명되어 지역을 한정한 디지털 위안화의 발행과 유통 실험이 이뤄졌다. 그 후도 홍콩 시장과의 디지털 위안화 크로스보더 결제 실험이나, BIS 및 아시아·중동 금융 당국과의 CBDC의 국제 거래를 위한 공동 연구도 시작한 것이 계기가 되어 디지털 위안화가 국제적으로 주목받았다.

기존에 위안화의 국제화를 위한 시책은 주변국이나 인접 지역과 위안화를 통한 무역 결제를 추진함으로써 중국 기업의 환율 변동 리스크를 회피하는 것을 주요 목적으로 삼았다. 한편, 최근 위안화의 국제화를 중시하는 움직임에는 세계 경제나 국제금융에서 발언력의 강화나 지정학적 영향력·존재감의 향상 등에 주된 목적이 있는 것으로 보인다.

또한, 중국은 위안화의 국제화 시도가 기존에는 성공적으로 진행되지 않았다는 경험을 바탕으로 디지털 위안화의 발행을 위안화 국제화의 기폭제로 삼으려는 목표도 있다. 2020년 6월에는 중국 증권감독관리위원회의 팡싱하이方星海 부주석이 "중국 금융 기관과 기업의 해외 사업은 주로 달러 결제에 의존하고 있으며, 그러한 결제가 과연 안전한지 크게 의문을 가져야 한다. 앞으로 10년간 위안화의 국제화를 가속해야 한다."라고 발언한다.

중국국제경제교류중심China Center for International Economic Exchanges의 황치판黃奇帆 부이사장은 "달러를 사용한 무역에서 빼놓을 수 없는 국제적인 결제 네트워크 스위프트와 미국의 결제 시스템 CHIPS를 중국 기업이 사용하는 것은 위험하다."라고 지적한 데 덧붙여 "디지털 위안화의 실용화를 통해 위안화의 국제화를 추진함으로써 이러한 리스크를 피할 수 있다.”라고 주장했다. 중국은 무역 상대국이 사용하기 쉽고 미국이 거래를 방해할 수 없는 결제 시스템을 구축하고 싶어 한다. 디지털 위안화로 결제하면 달러도 스위프트도 사용하지 않아도 되므로 중국에서는 주로 소액 결제용 CBDC의 실증 실험이 진행되고 있다. 중국은 디지털 위안화 발행을 위해 기술 개발과 법 정비, 도입 시험을 꾸준히 진행하고 있지만, 이에 비해 CBDC 발행에 신중한 선진국의 움직임은 늦어지고 있다. 또한, 다른 나라들이 중국의 디지털화폐를 둘러싼 기술력에 의구심 어린 눈초리를 거두고 있지 않아 디지털 위안화가 중국 내에 보급되었다고 해도 그것을 위안화의 국제화로 진전되었다고 해석하기는 어려운 점이 있다.

위안화의 국제화가 잘 진행되지 않는 요인

현재 전 세계에는 180종류의 통화가 유통되고 있지만, 국제적인 재화 및 서비스의 매매나 금융 거래에 사용되는 통화는 지극히 제한적이다. 미국 달러, 유럽 유로, 영국 파운드, 일본 엔, 중국 위안화 등으로 한정된다. 그중에서도 미국 달러는 폭넓은 분야에 걸쳐 압도적인 점유율을 차지해 세계 기축통화의 기능을 다하고 있다.

미국은 전 세계 GDP의 약 20%를 차지하지만 엔-달러, 유로-달러 등 미국 달러가 관련된 거래 금액이 전체 외환 거래에서 차지하는 비중은 80%를 넘는다. 또한, 각 나라 중앙은행의 외화 보유액에서 각 통화가 차지하는 비중을 살펴보면 2023년 3월 말 기준, 미국 달러가 약 60%를 차지하고, 유로화가 20%, 일본 엔화가 약 5%로 그 뒤를 잇는다. 더욱이 미국은 국제무역에서 약 10%를 차지하고 있지만 세계 수출품의 약 절반은 달러로 가격이 책정되어 있다. 기업 금융 측면에서도 크로스보더 대출이나 국제금융 시장에서 거래되는 CP 및 회사채 등의 약 절반이 미국 달러로 계약 및 거래된다.

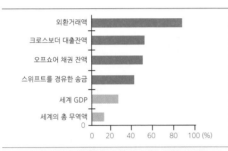

국제금융 거래 등에서 달러가 차지하는 비율
(보고서 중 4월까지 1일 평균 거래액)
출처: BIS: https://www.bis.org/publ/qtrpdf/r_qt2212f.htm

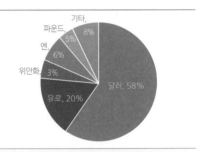

통화별 외화준비금에서 달러가 차지하는 비중
2022년 4분기(10~12월) 시점
출처: IMF

위안화는 현재 글로벌 기업과 금융 기관에서 구매력과 안정성을 인정받는 경화hard currency로서의 지위를 획득하지는 못했다. 세계 경제에서 중국 경제가 차지하는 비중은 18.5%2022년 명목 GDP 구성비인데 비해 국제 거래에서 차지하는 통화별 점유율2023년 6월 기준을 보면 위안화는 2.77%에 불과하며 달러, 유로, 파운드 3개 통화의 점유율 합계가 80% 이상이다. 수출입의 계약이나 결제를 어떤 통화로 할지는 민간 차원에서 정해지기 때문에 중국 정부가 거기까지 개입하기는 어렵다. 통상적으로 협상력이 강한 국가의 통화로 정해지는 경향이 있다. 그 교섭에 크게 영향을 미치는 것은 경제력이기 때문에 중국의 경제 규모를 생각하면 무역의 위안화 결제 비율은 훨씬 높아질 수도 있다.

2016년 말		2020년 말		2022년 말		2023년 6월	
미국 달러	42.09	미국 달러	38.73	미국 달러	41.89	미국 달러	42.02
유로	31.30	유로	36.70	유로	36.34	유로	31.25
파운드	7.20	파운드	6.50	파운드	6.08	파운드	6.88
엔	3.40	엔	3.59	엔	2.88	엔	3.36
캐나다 달러	1.93	위안화	1.88	위안화	2.15	위안화	2.77
위안화	1.68	캐나다 달러	1.77	캐나다 달러	1.76	캐나다 달러	2.24
호주 달러	1.55	호주 달러	1.44	호주 달러	1.31	홍콩 달러	1.56

국제 거래에서 국제 결제 통화의 비중(%)

출처: SWIFT, RMB Tracker 등

위안화의 국제화가 정체되고 있는 요인으로는 우선 위안화라는 통화에 대한 신뢰가 국제적으로 확립되지 않은 점을 들 수 있을 것이다. 2015년 상하이 종합주가지수가 폭락함과 동시에 국외로 자본 유출이 대규모로 발생하고 있다. 또한, 중국의 과잉 생산 설비와 금융기관의 불량 채권, 국유 및 민간 기업의 채무 등 다양한 문제가 지적되고 있다. 현시점에서 중국은 국가 제도와 정치의 안정성, 대외 행동에 있어 타국으로부터 신뢰를 얻고 있다고는 할 수 없다. SDR 구성통화의 지위를 얻었지만 위안화의 국제화가 급속히 진행된 것은 아니다. SDR에서 위안화의 구성비는 두 자릿수에 이르고 있지만, 국제 거래에서 차지하는 비율2023년 6월 기준은 2.77%에 불과해 42%가 넘는 기축통화 달러와는 쉽사리 메울 수 없는 크나큰 격차가 존재한다.

게다가 위안화의 교환 가능성도 국제화가 진행되지 않는 요인으로 널리 지목된다. 언제나 아무런 문제 없이 자국 통화나 달러 등으로 교환할 수 없다면 해외 기업은 중국에 대한 수출 대금을 위안화로 받고 싶지 않을 것이다. 또한, 중국은 국제적인 금융 거래에서 여전히 많은 자본 규제가 존재한다. 달러, 유로, 엔, 파운드와 같이 그 가격이 완전히 시장에서 정해지는 것이 아니라, 중앙은행인 중국인민은행이 시장에 개입하는 관리 변동 시세제를 채용하고 있다. 중국인민은행이 매일 기준율을 공표하고 하루의 위안화 변동 폭을 상하 2%의 범위로 제한한다. 정부 정책에 따라 외환 거래가 제한되고 환율이 조작되는 것이 위안화의 교환 가능성을 손상하는 요인으로 작용한다.

중국 정부도 이러한 규제가 위안화 국제화의 방해가 되고 있음을 충분히 이해해 규제를 완화하는 방안을 추진해 왔다. 하지만 2015년 위안화 절하가 야기한 세계 규모의 금융 시장 동요가 이 움직임에 찬물을 끼얹었다. 중국인민은행은 2015년 8월 11일 갑자기 위안화 매매의 기준이 되는 대 달러의 기준율 산출 방법을 변경한다고 발표했다. 중국인민은행이 '위안화의 기준치와 시장 환율 간의 괴리가 커지고 있으며 기준치의 지위나 권위에 악영향을 미쳤다'라고 변경 이유를 설명한 직후 3일 동안 기준율은 약 5% 하락했다. 이 조치는 수출 자극을 노린 통화 절하책, 자국 경제 개선을 위해 타국 경제에 희생을 강요하는 경제 정책, 그리고 중국 당국의 조작으로 외환 시장이 왜곡된다는 관측으로 위안화에 대한 시장의 신뢰성을 크게 손상시켰다. 그 결과 인민화 절하가 진행됨과 동시에 중국에서 해외로 자본 도피가 가속화되었다. 이 때문에 중국 당국은 자국 내 자금의 흐름을 규제하는 자본 규제를 단번에 강화하지 않을 수밖에 없었다. 따라서 자본 이동의 자유화를 위한 규제 완화의 움직임이 정체되고 있다. 위안화의 국제화에 관해서는 중국 정부가 5개년 계획 등으로 전망을 그렸지만 시장 환경의 변화에 어떻게 대응해 나갈지가 관건이다.

CIPS는 스위프트의 대체 수단이 될 것인가?

(1) 단기적으로 CIPS는 스위프트의 대항마가 될 수 없다

앞서 언급했듯이 CIPS는 송금 정보의 전송 기능을 일부 가지고 있으며 참여 기관의 네트워크가 세계 각지에 널리 퍼져 있어 러시아에 대한 금융 제재를 계기로 스위프트의 대체 수단으로 주목도가 높아졌다. 그러나 단기적으로는 CIPS가 스위프트를 대체할 수 있는 범위는 제한적이다.

첫째, CIPS의 결제통화는 주로 위안화에 한정되며 송금 정보의 전송에서 스위프트로부터 독립적이지 않다는 문제도 있다. 또한, CIPS 참여 기관 중 전용 회선을 사용하여 스위프트를 통하지 않고 송금 정보를 주고받을 수 있는 직접 참여 기관은 76행으로 적으며, 대부분은 중국 본토 내에 있다. 한편, 스위프트는 송금 정보의 전달 수단으로써 사실상 국제 표준 규격이다. 스위프트는 다수의 통화를 지원하며 전 세계 200개 이상의 국가 및 지역을 커버하고 11,000개 이상의 금융 기관 등을 네트워크에 포함한다. 취급 통화 및 네트워크 양 측면에서 CIPS는 스위프트에 미치지 못하는 상황이다. 이러한 점을 고려할 때, 실제로는 CIPS를 이용한 결제에서 스위프트에 의존하는 상황이 많다고 볼 수 있다.

더구나 CIPS의 시스템 개발에 양자가 협력 관계에 있다는 점도 주목해야 한다. CIPS는 스위프트의 송금 메시지를 수락하여 참여 기관의 영역을 넓히고 있으며, 스위프트는 CIPS의 참여 기관을 거느림으로써 편의성이 높아지는 구조로 보인다. 2021년 2월 3일 자 로이터에 따르면 스위프트는 중국인민은행·디지털화폐연구소와 합작회사를 1월 16일에 설립했다. 명칭은 'Finance Gateway Information Services Company'로 등록 자본금은 1,000만 유로이며 스위프트가 55% 출자하고, 중국인민은행 등이 45% 출자했다.

법정 대표자는 황메이룬黃美倫, 스위프트 중국지구 총재, 회장은 청스강 程世剛, 당시 중국결제청산협회 부비서장으로 4명의 이사 중 3명은 스위프트에서, 1명은 무창춘穆長春 인민은행 디지털화폐연구소장이 취임하고 있다. 경영 범위는 정보 시스템 통합, 데이터 처리, 기술 컨설팅이다.

위안화 국제 결제에 관해서는 2015년부터 CIPS가 가동 중이며 스위프트와의 접속을 전제로 시스템의 설계와 거래가 이루어지고 있다. 스위프트와 CIPS간 상호 접속을 통한 디지털 위안화의 국제 결제 연구도 합작 투자회사의 경영 범위에 포함될 수 있다.

(2) CIPS의 향방을 결정하는 두 가지 포인트

한편, 장기적으로 보았을 때는 CIPS가 예비 수단으로서 보급될 가능성은 있다. ① CIPS 참가 기관의 네트워크 확산, ② 국제 거래에서 위안화 결제의 증가 또는 취급 통화의 확대 두 가지를 들 수 있다.

① CIPS 참가 기관 네트워크의 확산

앞서 언급했듯이 CIPS에서는 직접 참여 기관만이 CIPS 전용 회선을 이용한 송금 정보의 전달 수단을 갖는다. 따라서 해외에서 직접 참여 기관이 늘어나거나 혹은 간접으로 참여하는 기관이 늘어나지 않으면 국경을 넘나드는 송금 정보 전달에서 스위프트에 의존하는 상황은 바뀌지 않는다.

한편, 지난번 대러시아 금융 제재를 받고 앞으로는 만일의 대체 수단으로 해외의 참가 기관 수가 늘어나 국제적인 네트워크의 구축이 진행될 가능성이 높다고 보는 이들도 있다. 지난번 대러시아 금융 제재에서는 러시아가 스위프트에서 일부 배제되어 금융 제재를 실시하지 않은 나라에까지 영향이 널리 미쳤기 때문이다. 지금까지도 스위프트가 금융 제재에 사용된 적은 있었지만 러시아처럼 무역 규모가 큰 나라가 제재 대상이 되어 앞으로 자국이나 거래 상대국이 스위프트를 사용할 수 없게 된 상황에서 대체 수단의 필요성을 다른 나라에서 통감했을 수도 있다.

실제로 2022년 2월 대러시아 금융 제재 발표 후에 참여 은행의 증가 속도가 일부 지역에서 약간 가속화되고 있다. 2021년 말과 비교해 2024년 5월 시점에서 직접 참여 은행은 75행에서 142행으로 67행이 늘었으며, 간접 참여 은행은 1,184행에서 1,394행으로 210행이나 늘었다. 그 내역을 보면 주로 유럽과 아시아에서 늘어났다. 단 새롭게 증가한 은행이 중국 본토와 외부 어느 쪽의 직접 참여 은행을 통해 참가하고 있는지는 데이터 미공표로 불분명하다.

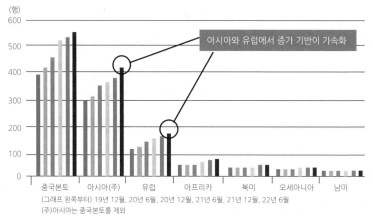

간접 참여 은행 수의 지역별 추이
출처: CIPS

② 국제 거래에서 위안화 결제의 증가 혹은 취급 통화의 확대

CIPS로 대체 네트워크가 구축되었다고 해도 실제로 사용하는 것과는 별개의 문제이다. 평소에는 사실상 국제 표준 규격인 달러로 결제하거나 스위프트를 통한 송금 정보 전달을 선호할 가능성이 높다. 위안화 자체의 결제 규모가 증가하거나 국제 결제의 대상 통화가 확대되지 않으면 CIPS의 실제 용도는 제한적이다. 중국의 무역 규모를 고려하면 국제 결제에서 위안화의 사용은 그다지 진행되지 않았다. 스위프트 통계에 따르면 국제 결제에서 인민화로 결제하는 비율은 2% 정도 2022년 8월 시점에 불과하다. 중국이 자본 거래 규제라는 장벽을 남긴 채 위안화의 이용을 확대하는 일이란 쉽지 않다.

다만 약간 변화의 조짐도 보인다. 금융 제재 때문에 달러 결제가 제한된 러시아가 인민화 거래를 늘리고 있다. 블룸버그 데이터에 따르면, 2022년 5월 인민화와 루블화의 환율 거래는 우크라이나 침공 개시 시점과 비교하여 1,067% 증가했다. 스위프트 통계에서도 러시아가 위안화 결제를 급격히 확대하고 있음을 확인할 수 있다. 스위프트가 발표한 해외 시장에서 위안화 결제의 거래국 순위 상위 15개국에서 러시아는 2022년 8월 시점에서 홍콩, 영국에 이어 3위로 부상하고 있다. 같은 해 1월에 러시아는 순위 밖이었다. 러시아와 중국 간의 무역 거래가 증가한 것이 주요 요인으로 추측되지만, 인도와 러시아 간의 무역에서도 위안화가 결제에 사용되고 있다는 보도도 있다. 러시아 국내에서는 최초로 위안화 회사채 발행과 위안화 대출 등이 이뤄지고 있어 위안화의 해외 시장이 러시아를 중심으로 형성되는 움직임이 나오고 있다.

이러한 변화의 조짐이 러시아에만 나타날 경우는 미국 달러 결제의 제한을 받은 국가에서 보이는 일시적이고 국소적인 변화로 해석된다. 그러나 앞으로 자국 또는 주요 거래 상대국이 제재 대상이 되는 것을 우려하는 타국에서도 위안화의 이용이 확대되면 '위안화 결제권'으로서 일정한 정도, 위안화에 의한 결제 니즈가 정착되어 CIPS의 이용도 확대될 가능성이 있다. 러시아 이외의 움직임으로서는 사우디아라비아가 중국과 석유 거래의 일부에서 위안화로 결제하는 것을 검토 중이라는 보도가 나오고 있지만, 현시점에서는 아직 실행되지 않았으며 미국에 대한 견제에 지나지 않는다는 견해도 있다.

취급 통화의 확대에 관해서는 2021년에 홍콩 달러가 일부 대응 가능할 수 있게 되었다는 것이 CIPS로 공표되었지만, 현시점에서는 다른 통화의 대응 예정 등은 없다. 또한, CIPS 설립 배경이 위안화 결제의 원활화, 나아가서는 위안화의 국제화이기 때문에 다른 통화로 대응이 진행되었다고 해도 부분적인 기능에 머물러 있다고 추측된다. 그럼에도 미·중 대립이 심화함에 따라 중국이 스위프트에서 제외될 위험에 대비하여 CIPS에 참여하는 금융 기관의 수가 늘어날 것으로 예상한다. CIPS의 사용이 확대되면 스위프트를 이용한 경제 제재의 효과가 상대적으로 약화될 수도 있다.

Part **6**

스테이블코인,
악화인가, 양화인가?

스테이블코인, 악화인가, 양화인가?

암호화폐의 킬러 앱으로 부상

이루 말할 수 없이 복잡한 디지털 자산 분야에서 스테이블코인의 개념은 비교적 간단하다. '지급이나 투자에 사용하는 민간 디지털 자산 중에서 금, 달러, 원유 등 특정한 자산 가격과 연동하는 것을 목적으로 설계한 암호자산의 일종'으로 정의한다. 이름에서 알 수 있듯이 스테이블코인은 예측 가능하고 변하지 않는 가격을 유지하도록 설계된 디지털 자산이다.

스테이블코인이 생겨난 목적은 미국 달러와 같은 다른 자산 클래스에 가치를 묶어 안정적이고 변치 않는 가격을 유지하는 것이다. 스테이블코인은 일반적으로 달러, 유로, 엔과 같은 법정화폐 또는 금과 같은 상품에 고정되어 있다. 이러한 종류의 안정성은 대부분의 암호화폐가 지금까지 크나큰 변동성을 보인 것과 극명한 대조를 이룬다.

비트코인은 그 자체로는 뒷받침되는 자산은 없고 시스템을 유지하기 위해 필요로 하는 컴퓨터 리소스가 일종의 투하 노동 가치와 같은 형태로 자산 가치를 담보하는 구조다. 비非 디지털 자산과 비교하면 비트코인은 금에 가까운 존재로 그 가치가 시황에 따라 수시로 변한다. 따라서 암호화폐처럼 가격이 안정적이지 않은 자산은 결제 수단으로 활용하기 어렵다. 과거 금본위제 시대에는 금이 무역의 결제 수단으로 사용되었지만, 현대에는 특별한 경우를 제외하고는 금이 지급 수단으로 사용되는 경우가 거의 없다. 암호화폐의 이러한 특성을 고려해 가격을 안정시키고 결제 수단으로 활용하려는 의도로 개발한 것이 스테이블코인이다.

스테이블코인이 등장하기 전에는 결제, 대출 등 기본적인 금융 활동은 다양한 암호화폐나 토큰을 사용하여 이뤄졌다. 그러나 암호화폐의 높은 변동성과 예측할 수 없는 가격이라는 문제가 해결되지 않아 심각한 비효율성이 생겨난다. 2010년 어떤 비트코인 사용자가 피자 2판을 주문하는 데 1만 비트코인을 지불했다. 불과 1년 후 1만 비트코인의 가치는 6만 7,400달러가 되었다. 본 원고를 집필하는 시점에서는 약 4억 3,000만 달러의 가치가 있다.

암호화폐의 역사는 2009년 비트코인의 탄생과 함께 시작되었지만, 세계 최초의 스테이블코인인 테더USDT는 비트코인이 도입된 지 7년 후인 2015년에 탄생했다. 이후 다양한 스테이블코인이 발행된 결과 2017년 시가총액이 10억 달러 미만으로 실험적인 산업에 지나지 않던 스테이블코인 시장은 2022년 봄에는 약 2,000억 달러로까지 성장했다. 2024년 2월 현재는 시가총액이 1,350억 달러를 상회하는 수준이다.

스테이블코인의 개념은 2014년에 처음 고안되었지만, 그 후 몇 년 동안은 성장하지 못했다. 이는 당시 암호화폐 사용자 기반이 매우 제한적이었고 서비스가 시장과 맞지 않았기 때문이다. 예를 들어, 현재 탈중앙화 금융DeFi의 핵심인 이더리움은 2015년 7월까지는 아직 출시도 되지 않았었다. 그러나 지난 몇 년 동안 스마트 컨트랙트, 블록체인의 출현과 암호화폐의 전 세계적인 확산으로 안정적인 가치를 가진 스테이블코인 수요가 폭발적으로 증가했다. 스테이블코인은 이더리움의 ERC20 토큰 규격에 따라 설계되어 있기 때문에 블록체인 애플리케이션 및 스마트 컨트랙트에서 완벽한 프로그래밍으로 구성할 수 있다. 블록체인 생태계는 계속 진화하고 있으며, 앞으로 스테이블코인의 사용이 증가하여 업계 최고의 블록체인 애플리케이션 중하나로 자리매김할 수도 있다.

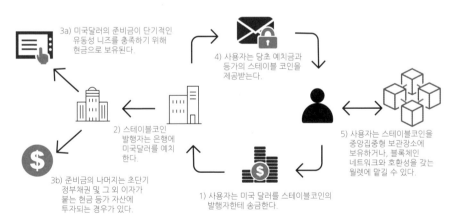

3a) 미국달러의 준비금이 단기적인 유동성 니즈를 충족하기 위해 현금으로 보유된다.

4) 사용자는 당초 예치금과 등가의 스테이블 코인을 제공받는다.

2) 스테이블코인 발행자는 은행에 미국달러를 예치한다.

5) 사용자는 스테이블코인을 중앙집중형 보관장소에 보유하거나, 블록체인 네트워크와 호환성을 갖는 월렛에 맡길 수 있다.

3b) 준비금의 나머지는 초단기 정부채권 및 그 외 이자가 붙는 현금 등가 자산에 투자되는 경우가 있다.

1) 사용자는 미국 달러를 스테이블코인의 발행자한테 송금한다.

스테이블코인 발행 절차
출처: Global X Japan

페이팔의 스테이블코인은 금융의 역사적 전환점

2023년 8월 7일 미국의 결제 대기업인 페이팔PayPal은 미국 달러와 연동된 페이팔 USDPYUSD를 발행한다고 발표했다. 2019년 6월 세계 최초로 스테이블코인인 리브라를 발표한 메타 플랫폼당시는 페이스북에 이어 페이팔은 스테이블코인을 출시한 두 번째 기업이 되는 셈이다. 페이팔 USD의 발행자는 팍소스 트러스트 컴퍼니Paxos Trust Company 이며, 미국 달러 예금, 단기 국채 및 현금등가물로 뒷받침되는 스테이블코인이다. 다른 달러 기반 스테이블코인과 마찬가지로 페이팔 USD 는 달러와 1:1 비율로 교환할 수 있다. 미국 페이팔 계정 소유자라면 페이팔 USD의 보유, 구매, 판매, 송금, 수령이 가능하다.

　한편, 리브라의 실패를 뻔히 지켜보고도 페이팔이 스테이블코인을 출시하게 된 이유는 무엇일까? 전직 정부 관리, 임원, 애널리스트들은 페이팔의 스테이블코인은 리브라와 달리 성공 가능성이 높다고 점친다. 정치인들은 2019년에 비해서는 스테이블코인에 익숙해졌다. 연방정부에서 스테이블코인 규제 정책을 추진하려는 움직임도 스테이블코인의 합법성을 높이는 순풍으로 작용했다.

　미국 상품선물거래위원회CFTC의 전 위원장인 크리스토퍼 지안카를로Christopher Giancarlo는 "페이스북의 리브라 프로젝트 이후 세상은 극적으로 변했다. 당시에는 스테이블코인이 너무나도 낯설었다." 라고 말한다. 크리스토퍼는 "그 이후로 행정부, 의회, FRB는 스테이블코인과 그 규제에 대해 이해도를 높일 충분한 시간을 가졌고, 많은 로비 활동을 포함하여 업계에서 대단히 광범위한 홍보 활동이 펼쳐졌다."라고 덧붙여 말한다.

개인정보 보호 문제와 러시아 대통령 선거 개입으로 조사를 받았던 메타와 달리 페이팔은 워싱턴 정가에서 좋은 평판을 얻고 있는 금융 사업자이다. 선거 자금 및 로비 활동에 관한 데이터를 모니터링하는 비영리 단체인 오픈시크릿OpenSecrets에 따르면, 페이팔이 2022년도에 연방정부를 상대로 로비 활동에 지출한 비용만 113만 달러약 15억 9,000만 원에 달해, 페이팔이 지난 몇 년 동안 암호화폐 관련한 로비 활동을 꾸준히 추진해 왔음이 드러났다.

페이팔이 이점을 갖는 또 다른 요인으로는 리브라와 달리 전 세계적으로 미국 달러 수요를 증가시킬 수 있는 잠재력이 있으며, 리브라가 발표되었을 때 페이스북이 가졌던 글로벌 영향력이 없다는 점이다. 리브라는 미국 달러, 유로, 영국 파운드, 일본 엔, 싱가포르 달러 등 주요국 통화의 환율을 평균화한 다중 통화 바스켓에 고정된 토큰이었기 때문에 많은 정책 입안자가 이를 통화 주권에 대한 위협으로 여겼다. 만일 페이스북의 수십억 명의 사용자가 이 토큰을 사용하게 된다면 자국의 통화 수요가 직접적으로 줄어들 것이라고 우려했다.

브레반 하워드Brevan Howard의 연구에 따르면, 2022년까지 스테이블코인 결제 규모는 11조 1,000억 달러에 달해 페이팔의 1조 4,000억 달러를 넘어섰고 비자Visa의 11조 6,000억 달러와 맞먹었다. 이는 온체인 결제 시스템으로서 스테이블코인의 잠재력을 시사한다. 특히 결제 시스템이나 은행 시스템이 상대적으로 낙후된 개발도상국에서는 효율적이고 저렴한 결제 솔루션에 대한 니즈가 있어 스테이블코인이 특히 중요하다. 결과적으로 스테이블코인이 글로벌 금융 생태계에서 금융 포섭과 경제 성장 촉진에 중요한 위상을 차지할 것이라는 기대가 있다.

			복수(multiple)의 스테이블코인	
	총거래량	거래 건수	총거래량	거래 건수
스테이블코인	11.1조	13억	1.00x	1.00x
페이팔	1.4조	220억 3천	0.13x	17.15x
비자	11.6조	1,920억 5천	1.05x	148.08x
ACH(Automated Clearing House)	76.7조	300억	6.91x	23.08x
페드와이어(Fedwire)	1,060.3조	2억	95.50x	0.15x

스테이블코인의 급속한 성장
출처: Brevan Howard Digital 2023

디파이가 견인하는 스테이블코인 시장

비트코인, 이더리움 등의 전통적인 암호화폐는 가격 변동성이 크고 법정화폐에는 없는 기능을 가지고 있지만, 결제 수단으로서의 실용성과 안정성은 결여돼 있다는 문제점이 있다. 따라서 시장의 불확실성이 커지면 가격 변동 리스크를 줄이기 위해 안전 자산으로 교환하고 싶다는 니즈가 생기지만 스테이블코인이 탄생하기 이전에는 암호화폐를 매각해 법정통화로 교환할 수밖에 없었다. 법정화폐로 환전하려면 거래소에서만 가능했기 때문에 암호화폐를 거래소로 이체해야 했다. 그러나 스테이블코인이 탄생한 이후에는 암호화폐 자산의 가치를 안정화할 수 있게 되었다. 암호화폐를 스테이블코인으로 교환하는 것은 자동화된 마켓 메이커Automated Market Makers, AMM 기반 탈중앙화거래소DEX에서도 가능하기 때문에 반드시 거래소로 전송할 필요는 없다. 즉 암호화폐 투자자는 자신의 암호화폐를 스테이블코인으로 교환해 암호화폐를 법정화폐로 바꾸지 않고도 포지션을 청산하는 효과를 얻게 된다. 스테이블코인의 또 다른 강점은 암호화폐 자산의 특성을 계승한다는 점이다. 법정화폐와 달리 스테이블코인은 블록체인에서 발행된 토큰이므로 저렴한 수수료의 P2P(Peer-to-Peer) 방식으로 즉시 송금할 수 있다.

또한, 이것이 스테이블코인 자체의 특성 때문은 아니지만 스테이블코인이 암호화폐 거래소의 기축통화로 사용되면서 시장 유동성을 높이는 역할도 하게 되었다. 거래소는 스테이블코인을 쌍pair으로 제공해 특정한 암호화폐의 유동성을 개선할 수 있게 되었다. 코인게코CoinGecko의 데이터에 따르면, 2024년 2월 기준 스테이블코인의 시가총액은 약 1,370억 달러이며, 이 중 테더USDT가 70%, USD코인USDC이 약 20%를 차지한다. 그 외는 여러 스테이블코인으로 분산되어 있다. 테더는 2023년 10월 이래 공급량이 70억 달러 수준으로까지 늘어났으며, 시가총액은 2023년을 통틀어 줄곧 성장해 2023년 12월에는 900억 달러에 육박하게 되었다.

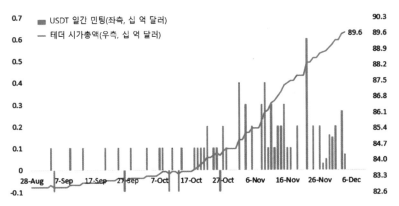

테더 USDT 시가총액 및 민팅 추이(2023. 8. 28~12. 6)
출처: Matrixport

이는 스테이블코인 사용 사례가 확대되었기 때문이다. 대표적인 예가 분산형 금융인 디파이 Decentralized Finance, DeFi 서비스의 부상 이다. 스테이블코인의 발행액이 늘어남에 따라 디파이가 발전해 왔다. 디파이는 퍼블릭 블록체인상에서 구동되는 금융 서비스를 가리킨다. 스마트 컨트랙트 기술로 특정한 중개자 및 관리 주체 없이 금융 서비스를 자율적으로 제공한다. 자금의 유입과 운용은 익명의 참가자 간의 상호 감시하에서 24시간 국경을 넘어 이뤄진다. 디파이를 통한 국제 간의 자금 이동은 은행 간 거래에 비하면 압도적으로 비용이 적다는 점이 매력으로 작용한다. 디파이 금융 서비스는 다양하다. 암호화폐의 교환 및 렌딩 대출부터, 커스터디 보관, 보험, 파생상품 등 200개 이상이 존재한다. 디파이의 참여자는 유동성 채굴 및 이자 농사와 같은 서비스 상품에 자금을 예치하여 수수료와 이자 수입을 얻을 수 있다. 최근에는 DEX, 렌딩을 비롯한 다양한 디파이 서비스의 수수료·이율·교환율 등을 모니터링하고 이들 서비스를 조합해 암호화폐를 운용하는 투자자들이 늘고 있다. 이러한 운용을 일드파밍 yield farming, 이자 농사이라 부른다.

스테이블코인 발행사인 서클 Circle에서는 애플페이로 USDC를 사용할 수 있게 되었으며 미국 푸에르토리코 Puerto Rico 자치구의 은행인 FV 은행 FV Bank은 고객이 USDC로 입금할 경우에 지원하겠다고 발표했다. 지금까지 암호화폐는 투기성 자산으로 활용된 경우가 많았지만 결제 수단이나 은행 예금 등 실생활과 연계된 활용 사례가 증가하고 있어 스테이블코인 보유에 대한 인센티브가 더욱 늘어날 것으로 예상한다.

디파이의 대표 서비스: 렌딩과 DEX

디파이에서는 DEX Decentralized Exchange와 렌딩이 많은 이용자를 모으고 있다. DEX는 암호화폐를 교환하는 거래소의 기능을 스마트 컨트랙트로 자율적으로 제공하는 서비스이다. 대표적인 서비스인 유니스왑Uniswap에서는 거래 가격 결정이나 시장 유동성 관리 등의 기능이 스마트 컨트랙트로 구현되고 시장도 자율적으로 운용된다.

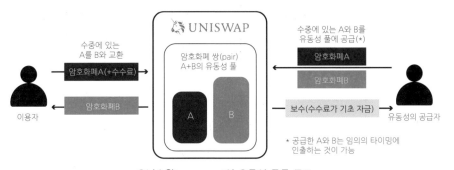

유니스왑(UNISWAP)의 유동성 공급 구조

렌딩은 이용자가 맡긴 암호화폐를 다른 사람에게 대여하는 기능을 스마트 컨트랙트로 자율적으로 제공하는 서비스이다. 대표적인 서비스로서 컴파운드Compound를 들 수 있다. 빌려주는 사람대여자은 암호화폐를 유동성 풀에 담보로 넣고 교환 증서의 역할을 하는 '채권 토큰'을 수령한다. 대여자는 언제든지 채권 토큰을 되돌려 주고 맡겨 놓은 암호화폐에 이자를 더한 금액을 회수할 수 있다. 채권 토큰의 보유자는 이를 담보로 맡기고 암호화폐를 유동성 풀에서 빌릴 수 있다. 담보를 넣어 빌린 암호화폐를 다시 담보로 활용해 암호화폐를 빌리는 투자 활동을 반복하다가 레버리지를 포착해 수익 창출 기회를 만드는 등 운용 수법을 다양화하는 데에도 사용된다.

스테이블코인의 종류

스테이블코인에는 가치를 뒷받침하는 메커니즘에 따라 네 가지 유형이 있다.

스테이블코인의 종류

(1) 법정화폐 담보형

미국 달러, 영국 파운드 등의 명목화폐와 연동되어 발행되는 코인으로 테더USDT, USD코인USDC, 바이낸스USD Binance USD, 그레이트브리튼파운드테더GBPT가 있다. 법정화폐 담보형 스테이블코인은 발행 주체가 코인과 연동되는 자산을 충분히 보유하고 있고 법정화폐와 동등한 가치를 지닌다고 인식하기 때문에 법정화폐의 가치와 연결된다. 발행 주체가 지정한 절차에 따라 달러, 파운드와 1:1로 교환할 수 있으며, 상환 메커니즘을 제공하는 점이 가격 안정성의 기반이 된다.

한편, 상환이 확실하게 이뤄질 것이냐 하는 담보도 중요하다. 발행자가 스테이블코인 발행량 이상의 자산을 보유하고 있는지 확인할 수 없으면 전 보유자를 상대로 상환이 이뤄진다고 볼 수 없다. 이러한 사정이 있다 보니 대부분의 발행자는 기초 자산에 대한 보고서를 정기적으로 발행한다. 발행자는 현금등가물을 담보로 삼아 그중 일부를 국채처럼 신용 리스크가 낮은 자산에 투자하여 수익을 올린다.

(2) 암호화폐 담보형

암호화폐를 담보로 발행하는 스테이블코인으로 다이DAI, sUSD가 있다. 암호화폐는 법정화폐와 달리 가격 변동성이 크기 때문에 암호화폐 자산의 가격이 하락하면 담보를 잃을 위험이 있다. 따라서 담보 비율이 발행량과 같으면 부족하게 된다. 이러한 이유로 암호화폐 담보형 스테이블코인은 담보로 삼는 암호화폐 가격이 하락하더라도 가치를 유지할 수 있도록 '잉여 담보'를 도입하는 경우가 많다. 다이의 경우 2024년 2월 현재 279% 이상의 담보를 보유하고 있는 것으로 확인된다.

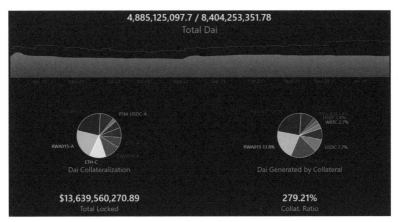

DAI의 담보 현황
출처: daistats

또한, 담보로 삼는 암호화폐 가치가 크게 하락하더라도 담보가 상실되지 않도록 강제 청산 메커니즘을 도입했다. 다이의 경우 담보로 삼는 암호화폐의 가치가 최소 담보 비율 이하로 떨어지면 추가로 담보 자금을 넣거나 강제 청산을 실행할 수 있다. 암호화폐 기반 스테이블코인은 잉여 담보가 필요하고 자본 효율이 낮다고 여기지만, 암호화폐 세계에서는 온전한 스테이블코인으로 기능하고 있다.

[다이의 가격 안정 작동 방식]

다이는 메이커 프로토콜Maker Protocol이라는 메커니즘을 통해 사람의 개입 없이 다이를 발행 및 관리한다. 이 프로토콜은 오픈소스 개발 커뮤니티인 메이커다오MakerDAO에서 개발 및 운영한다. 사용자는 암호화폐를 스마트 컨트랙트에 담보로 예치하고 그 대가로 다이를 얻는다. 획득한 다이가 스마트 컨트랙트로 상환되면 담보를 반환받을 수 있다.

담보로 예치한 암호화폐의 담보 평가액은 오라클[1]을 통해 취득한 시장 가격으로 계산되며, 그 담보 평가액의 일정한 비율의 금액을 상한선으로 '1 DAI = 1달러'의 비율로 DAI를 발행한다. 즉 다이는 담보한 암호화폐가 충분한 증거금이 된다는 것을 전제로 발행된다. 담보 평가액은 시시각각 변동하기 때문에 다이의 발행 상한액도 연동한다.

---

1) 담보물의 가격은 체인 외부로부터 가져와야 한다. 오라클은 체인 외부의 시장에서 담보물의 가격을 가져오는 시스템이다.

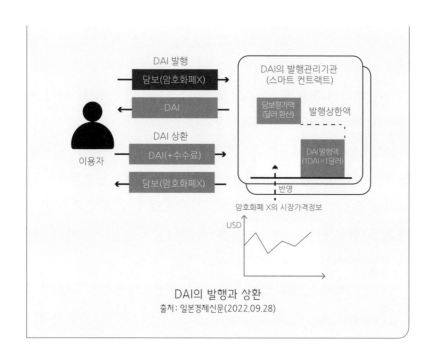

DAI의 발행과 상환
출처: 일본경제신문(2022.09.28)

(3) 알고리즘 유형 무담보형

알고리즘형 무담보형은 기초 자산이 없고 순전히 알고리즘으로 가치
가 일정하게 유지되는 스테이블코인이다. 대표적인 알고리즘형 스테
이블코인에는 플럭스FRAX, 테라USD, 매직 인터넷 머니MIM가 있다.
암호화폐 시장에는 다양한 메커니즘을 가진 알고리즘 스테이블코인
이 있지만, 모두 시장의 수요와 공급을 통제하여 가격을 일정하게 유
지하려 한다는 공통점이 있다. 예를 들어, 미국 달러에 연동되는 알
고리즘형 스테이블코인은 시장 가격이 1달러 이상일 때 '매도'하고 1
달러 미만으로 떨어질 때 '매수'하도록 설정한 알고리즘을 채택하면
이론상 달러에 연동하는 스테이블코인으로 동작해야 한다.

테라USD의 경우 거버넌스 토큰을 사용하여 이 메커니즘을 구현했다. 1테라를 1달러에 상당하는 거버넌스 토큰 루나LUNA로 언제든지 교환할 수 있도록 함으로써 시황에 따라 차익거래 인센티브가 발생하고 가치가 1달러로 안정되는 구조다.

일반적인 스테이블코인은 법정통화나 암호화폐를 담보로 설정해놓지만, 테라의 경우에는 '1테라는 1달러에 상당하는 암호화폐인 루나와 언제든지 교환할 수 있다'라는 전제가 있어 알고리즘으로 공급량을 조절해 가격을 조정했다. 테라와 루나의 공급량이 프로그램으로 자동 조절되는 메커니즘은 다음과 같다.

- 테라 가격이 1.2달러로 상승하면 → 1달러에 상당하는 루나를 시스템에서 소각해 1테라를 획득하고, 획득한 테라를 시장 가격인 1.2달러에 매각한다. 시스템에서 테라 가격을 모니터링하고 차익거래 기회를 창출함으로써 이론적으로 시장 메커니즘에 의해 1달러 안정화를 실현할 수 있다.

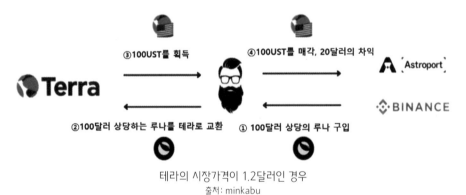

테라의 시장가격이 1.2달러인 경우
출처: minkabu

- 테라 가격이 0.8달러로 하락하면 → 1테라를 소각해 1달러에 상

당하는 루나를 획득할 수 있고, 0.8달러의 비용만으로 1달러에 상당하는 루나를 획득할 수 있다. 이는 0.8달러로 1테라를 조달할 동기가 생겨 테라 가격은 이론상 1달러에 가까워진다.

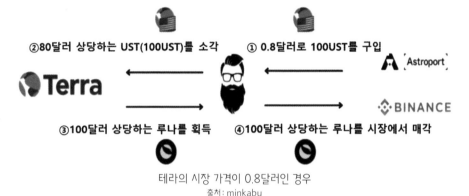

②80달러 상당하는 UST(100UST)를 소각 ① 0.8달러로 100UST를 구입

③100달러 상당하는 루나를 획득 ④100달러 상당하는 루나를 시장에서 매각

테라의 시장 가격이 0.8달러인 경우
출처: minkabu

이러한 구조는 테라 가격이 1달러로 돌아올 때까지 루나를 계속 매각하는 상황이 일어나게 된다.

스테이블코인의 디페깅 depegging 사례

스테이블코인은 지난 몇 년 동안 시장에서 빠르게 성장했지만 전 세계적으로 규제의 필요성이 논의되고 있다. 스테이블코인의 안정성에 의문이 제기되었기 때문이다. 장기에 걸쳐 안정적으로 가격을 유지하는 스테이블코인이 있는 한편, 일부 스테이블코인 은 가격 유지 메커니즘의 약점이 드러나며 가치가 폭락하는 사태가 발생하기도 했다.

현재까지 가장 많이 회자하는 디페깅 사례 중 하나는 2022년 테라의 붕괴였다. 테라는 거버넌스 토큰인 루나와 테라의 공급량을 조절하여 가치를 안정화하는 구조를 채용하고 있었다. 붕괴 직전 루나와 테라 모두 시가총액 기준 상위 10위 안에 들 정도로 대규모 프로젝트였다.

2022년 5월 10일, 대규모 테라 매각을 계기로 테라 가치가 0.60달러까지 하락하는 상당한 디페깅 현상이 일어났다. 그 후 한때 0.95달러 정도까지 가치가 회복되었지만, 신용 불안 확산에 따라 루나와 테라가 일제히 매도되는 추세를 막을 수 없어 결국 루나와 테라 모두 폭락했다.

루나와 테라의 일주일 2022.5.4~5.11 가격 추이
출처: coindesk

붕괴에 이르게 된 직접적인 원인은 알 수 없지만 여러 이유가 있을 수 있다. 테라 네트워크의 대출 프로토콜인 앵커 프로토콜 Anchor Protocol에서는 테라를 예치할 때 연간 약 20%의 높은 수익률로 운영할 수 있었다. 테라 보유자들 상당수가 이 프로토콜을 사용하고 있었기 때문에 시장에 유통되는 테라의 양이 적고 가격이 폭락할 가능성이 높았던 것으로 추정한다.

또 다른 요인은 운영자가 보유한 준비금이 충분치 않았다는 점이다. 테라의 운영사인 테라폼랩스Terraform Labs는 페그가 무너질 경우를 대비해 35억 달러 상당의 비트코인을 보유하고 있었다. 그러나 폭락 직전2022. 5. 7 루나와 테라의 시가총액은 각각 233억 달러, 187억 달러로 준비금보다 훨씬 많았고 신용 불안에 따른 매도세를 흡수하기에는 역부족이었다.

알고리즘 스테이블코인은 담보자산이 충분하지 않기 때문에 이번 경우처럼 스테이블코인의 가치가 훼손되면 충분한 투자금 회수 유동성을 확보할 수 없어 부실 채권이 남게 된다. 알고리즘형 스테이블코인은 담보자산이 없기 때문에 폭락 사태가 일어나기 전에도 위험성을 지적하는 목소리가 있었다. 한때 시가총액이 50조 원에 달하던 테라·루나 자산이 며칠 만에 거의 가치가 없어진 것은 알고리즘 스테이블코인의 위험성을 다시 한번 부각하는 사건이었다고 할 수 있다.

(4) 상품 유형commodity형

상품 유형은 금이나 원유와 같은 현물자산commodity에 의해 가치가 뒷받침되는 스테이블코인이다. 상품 유형 스테이블코인의 대표적인 예로 팍소스 골드Paxos Gold, PAXG, 지팡코인Zipangcoin, ZPG 등이 있다. 현물자산은 그 자체로 가치가 있다는 특성을 갖지만 운송이나 분할이 어렵다는 단점도 있다. 상품 유형 스테이블코인은 현물자산과 동일한 가치를 지니면서도 거래가 용이하고 소액으로 구매할 수 있어 현물자산의 단점을 보완하는 점이 특징이다. 그 메커니즘은 법정통화 담보형과 동일하며, 발행 주체가 담보로 현물자산을 보유하고 있으며 현물자산과 동등하다고 인지되는 것이 가격 변동의 기초가 된다.

스테이블코인은 과연 안정된 자산인가?

한편, 가격 변동은 담보가 존재하는 스테이블코인에서도 일어난다. 테라가 붕괴했을 때 알고리즘형에 그치지 않고 스테이블코인 전체에 대한 신용 불안 우려의 목소리가 높았다. 테라의 하락에 이어 법정화폐 담보형인 USDT에서도 디페깅이 일어나 가격은 한때 0.95달러까지 떨어졌었다.

2020년에는 암호화폐 담보형인 다이에서도 디페깅이 발생했다. 2020년 3월 암호화폐 시장이 붕괴했을 때 메이커다오의 경매 시스템이 제대로 작동하지 않아 400만 달러의 부채가 발생했다. 담보 부족 문제를 해결하기 위해 메이커다오는 거버넌스 토큰인 MKR을 추가로 발행하기로 했지만 경매 입찰은 다이로 이루어져야 했기 때문에 다이에 대한 수요 증가로 DAI 가격이 일시적으로 1.12달러까지 치솟았다.

스테이블코인은 오픈마켓에서 자유롭게 거래되는 특성상 수급 상황에 따라 기준 가격과 편차가 존재하는 경우가 있다. 다만 담보자산이 있는 경우 다소 괴리가 생기더라도 이를 해소하기 위해 반대 매매 유인책이 있기 때문에 원래 페깅 상태로 되돌려 놓을 수 있다. 반면 알고리즘형 스테이블코인은 담보가 없기 때문에 가격 유지 메커니즘은 오로지 알고리즘에만 달려 있다. 뱅크런과 같은 극단적인 매매 상황에 직면해도 페깅을 유지하는 메커니즘이 개발되지 않는 한 알고리즘형 스테이블코인의 사용 사례가 확산될 것이라고는 생각하지 않는다.

글로벌 규제 트렌드

스테이블코인의 국제적인 규제 프레임워크는 FSB와 FATF Financial Action Task Force, 국제자금세탁방지기구 조직이 현재 주도하고 있다.

FSB는 국제금융 안정성에 관한 조치, 규제 및 감독을 담당하는 국제 조직이다. 25개 주요 국가 및 지역의 중앙은행을 포함한 여러 금융기관의 대표가 참여하고 있다. 2022년 10월, FSB는 '암호화폐 관련 활동에 대한 국제 규제' 문서를 발표했다. 이 문서에서는 글로벌 스테이블코인이 사용자 상환 권리 및 가치 안정화 메커니즘에 대한 요구사항 측면에서 높은 규제 기준을 가져야 한다고 명시하고 있다.

FATF는 자금 세탁 및 테러 자금 조달 방지를 위한 표준을 만드는 주요 국가 연합체이다. OECD 회원국을 중심으로 총 39개 회원국과 지역으로 구성되어 있으며 한국도 회원국이다. 2020년 7월, FATF는 'G20 재무장관 및 중앙은행 총재에게 보내는 이른바 스테이블코인에 대한 FATF 보고서'를 발표했다. 이 문건에서는 호스팅되지 않은 지갑unhosted wallet을 통한 P2P 거래 때문에 자금 세탁 및 테러 자금 조달의 위험이 있음을 지적하고 효과적인 규제가 필요하다고 말한다.

국가 및 지역 차원에서 시스템을 규제하기 위한 다양한 방법을 검토하고 있다. 예를 들어, 유럽연합은 2022년 10월 암호화폐 시장 규제 법안MiCA을 통과시켰으며, 이를 통해 스테이블코인 발행자는 보유자가 언제든지 담보 자산으로 교환할 수 있도록 한다는 내용이 담겨 있다.

스테이블코인의 문제점

스테이블코인은 암호화폐 경제권의 유동성으로 활발하게 이용될 뿐만 아니라 실물경제에서 일반적인 결제 수단으로써 이용이 확대되어 갈 가능성도 있다. 스테이블코인이 널리 보급되어 글로벌 송금이나 소매 결제 등에 이용될수록 다양한 거래에 영향을 미쳐 시스템 리스크가 발생할 수 있다. 이러한 상황을 배경으로 스테이블코인이 초래할 수 있는 문제에 대한 관심도 높아지고 있다. 스테이블코인의 문제에는 암호화폐 전체에 공통으로 해당하는 문제와 스테이블코인 특유의 문제가 있다.

우선 암호화폐 전체에 공통되는 문제로는 해킹에 의한 자금의 유출이나 사기적인 자금 수집, 내부자 거래나 시세 조종, 이익 상반 거래 등 거버넌스 상의 문제, 그리고 AML/CFT[2] 분야의 문제 등이 있다. 암호화폐는 선진국 못지않게 개발도상국으로도 침투하고 있으며, IMF 등은 특정 국가에서 자국 통화를 암호화폐로 대체하려는 움직임도 우려하고 있다. 엘살바도르처럼 비트코인을 법정화폐화한 나라도 있다.

---

2) Anti-money Laundering/Countering the Financing of Terrorism

한편, 스테이블코인 특유의 문제에는 과연 이름에 걸맞게 '스테이블stable'한가 하는 의문점이 있다. 아무리 '스테이블'하다고 해도 이용자가 항상 1:1로 교환할 수 있다고는 보장할 수 없다. 특히 암호화폐 담보형이나 알고리즘형의 경우에는 불확실성이 높다. 준비 자산금으로 유동성이 높은 안전 자산을 보유하고 있다고 주장하고는 있지만, 실제로는 커머셜 페이퍼기업어음 등의 리스크 자산도 보유하고 있는 경우도 있다. 준비자산의 내역이나 금액에 관한 개시 내용, 개시의 빈도도 스테이블코인에 따라 각양각색이며 외부 감사가 적절히 이뤄지고 있는가 하는 문제도 있다. 대규모 은행 인출뱅크런과 유사한 혼란이 발생하는 문제는 런리스크run risk라고 부르며 스테이블코인이 가진 리스크의 중핵이라고 할 수 있다.

발행자가 1:1로 상환한다고 해도 발행자한테 직접 상환을 요구할 수 있는 것은 암호화폐 거래소 등 대규모 보유자이며, 일반 이용자는 거래소에서 매각할 수밖에 없는 경우가 있다. 이 가격은 매일 바뀌며 교환 비율이 반드시 1:1이라고는 할 수 없다.

또한, 이용자의 청구권이 다른 채권자보다 우선하는가 하는 문제도 있다. 이용자가 커스터디얼 월렛custodial wallet[3]을 이용할 경우에는 발행자 준비 자산의 존재 여부를 따지기 이전에 월렛을 제공하는 사업자가 고객 자산을 관리하는 방식이 문제가 된다.

위와 같은 문제를 배경으로 이용자의 신뢰가 급격히 떨어지고 법

---

3) 암호화폐의 비밀키 관리를 사용자가 아니라 서비스 제공자가 처리하는 지갑을 의미한다. 사용자는 스스로 비밀키를 관리하고 암호화폐를 직접 제어하는 것도 가능하지만, 다른 암호화폐와의 매매에 기동력을 확보하기 위해 암호화폐 자체의 관리는 서비스 제공자에게 맡기는 경우도 많다.

정통화로 환금하려는 요청이 쇄도할 때는 법정통화에 대한 할인이 확대되어 환금 자체가 불가능해질 우려도 있다. 이러한 사태에 대비하여 일부 코인은 원래 일정 기간 상환 금액의 상한선을 정해 놓았거나 상황에 따라 상환을 정지할 수 있다고 하는 경우도 있지만, 이들이 혼란스러운 사태의 확대를 막는데 유효하게 기능하도록 설계가 되어 있는 것은 아니다. 또한, 스테이블코인을 제공하는 사업자가 그 편의성이나 거래 데이터를 배경으로 다양한 사업을 확대함으로써 경제력의 집중이 생기고 독점이나 과점의 문제가 발생할 가능성도 있다. 분산원장에서 전력 소비에 대한 비판도 있다.

에필로그:

진화하는
글로벌 통화 환경

에필로그:

진화하는 글로벌 통화 환경

화폐의 형태는 역사를 되돌아보면 기술 혁신이나 시대 배경에 맞춰 진화해 왔다. 옛날에는 돌이나 조개 등으로 시작되어 운반이나 분할의 용이성 때문에 점차 금, 은 등을 이용하게 되고, 그 후 주조 기술이 발달하면서 동전이 이용되었다. 현존하는 가장 오래된 주조 동전은 기원전 7세기에 리디아 왕국에서 이용되었던 일렉트럼화라고 한다. 리디아 왕국은 이오니아 지역에 인접하고 에게해에 접해 있어 무역이 번성하고 상업과 산업이 발달했다. 따라서 일렉트럼 동전은 고대 그리스와 로마로 퍼져나갔고 특히 아테네고대 그리스 도시 국가에서는 화폐경제가 발전했다. 또한, 유명한 알렉산더 대왕이 동방 원정에 나섰을 때 서아시아 지역으로도 전해졌다고 한다. 그 후 환전상이 금속이나 동전을 맡아두는 담보로 예금증을 발행하게 되었으며 나아가 인쇄 기술의 보급과 더불어 금속과의 교환이 보증된 지폐태환지폐가 유통되었다. 현대에서는 금속과의 태환이 보장되지 않는 지폐불환지폐가 유통하게 되었다. 그리고 금융 거래의 증가와 정보 기술의 발달로 전자적으로 집중적으로 관리되는 장부의 기록이라는 형태가 생겨나 현재에 이른다.

미국이 전 세계 GDP에 약 25%를 기여하고 있음에도 미국 달러는 현재 전 세계 외화 보유액의 약 60%를 차지하고 있어 가장 가까운 경쟁자인 유로와 상당한 격차를 보인다. 그러나 이러한 지배력에 도전하는 요소들이 나타나고 있다. 미국의 통화 정책과 경제 제재의 전략적 사용으로 일부 국가는 달러의 대안 통화를 고려하게 되었다. 이와 동시에 유럽연합은 에너지 거래와 기타 주요 상품에서 달러의 대안을 제공해 국제 무역에서 유로의 역할을 강화하려는 노력을 적극적으로 벌이고 있다. 이러한 노력은 유로화의 글로벌 위상을 강화하기 위한 보다 광범위한 전략의 일환으로 국제 시장에서 통화 종속성을 더욱 다양화할 수 있다.

중국은 특히 국경 간 은행 간 결제 시스템Cross-Border Interbank Payment System, CIPS을 통해 국제 무역에서 위안화를 확산시켜 달러 중심의 은행 간 결제 시스템Clearing House Interbank Payments System, CHIPS에 도전하고 있다. 중국의 이러한 계획으로 글로벌 외환 거래량에서 위안화가 차지하는 비중이 눈에 띄게 증가하고 상품 무역 결제에 사용되는 등 성공을 거두었지만 위안화의 글로벌 외화 보유액 잔액은 약 2.5%로 여전히 작다.

정부 간 기구를 대표하는 BRICS브라질, 러시아, 인도, 중국, 남아프리카공화국으로 구성, 동남아시아국가연합ASEAN, 상하이협력기구Shanghai Cooperation Organization, 유라시아경제연합 등도 무역 송장 및 결제를 위해 현지 통화를 사용하는 데 관심을 표명하고 있다. 일부 회원국은 위안화로 거래하겠다는 의지를 보였는데 이는 글로벌 통화 역학의 변화를 시사한다. 그러나 위안화, 유로화 같은 통화가 달러의 글로벌 지배력에 도전하려면 구조 개혁과 새로운 결제 시스템이 필수적이다.

달러에 대한 대안을 국가별로 계속 모색함에 따라 신흥국에서 발행하는 CBDC와 스테이블코인은 기존 현금이나 법정화폐에 대한 실행 가능한 대안으로 빠르게 발전하고 있다. 미국의 외교 및 통화 정책, 글로벌 경쟁의 영향을 받은 이러한 변화로 국경 간 거래와 중앙은행 준비금에서 달러가 서서히 배제되는 현상을 만들어 내고 있다.

그러나 달러 의존도를 낮추려는 방향으로 분명한 변화가 뚜렷이 나타남과 동시에 비트코인, 스테이블코인, CBDC와 같은 디지털화폐에 대한 관심이 높아지고 있다.

진화하는 글로벌 통화 환경 탐색

세계가 이러한 기술 발전에 적응해 나감에 따라 전통적인 법정화폐, 비트코인, 전자화폐 및 스테이블코인 간의 상호 작용과 미묘한 차이를 이해하는 것이 중요해졌다. 이러한 역학은 국제 무역과 금융의 미래에 큰 영향을 미치고 잠재적으로 세계 경제 및 금융 환경을 재편하게 될 것이다. 정책 입안자 모두 글로벌 기업과 국가, 거시 투자자 환경에 미치는 광범위한 영향을 고려하여 빠르게 변화하는 디지털 자산 생태계에 주의를 기울이고 정보를 지속해서 확보해야 한다.

스테이블코인: 달러의 위상 공고화에 일조

스테이블코인, 특히 미국 달러에 고정된 스테이블코인은 비트코인과 같은 디지털 자산 거래를 촉진하는 중요한 구성 요소로 부상했다. 처음에 암호화폐 거래자를 위해 설계된 이 스테이블코인은 블록체인 네트워크에서 연중 무휴 거래와 실시간에 가까운 결제를 촉진함으로써 기존 금융 시스템 대비, 보다 효율적인 대안을 제공한다. 그들의 유용성은 단순한 거래를 넘어서 신뢰할 수 있는 가치 저장 수단이자 암호화폐와 기존 은행 간의 가교 역할을 하고 물리적 현금에 비해 비용, 보안, 유틸리티 및 효율성 측면에서 이점을 제공한다.

달러와 연계된 스테이블코인의 발행이 전 세계적으로 기하급수적으로 증가했다. 2022년에는 퍼블릭 블록체인에서 10조 달러에 가까운 거래를 처리하여 페이팔, 심지어 비자와 같은 전통적인 결제 거대 기업과 경쟁하기에 이르렀다. 이에 따라 주요 금융 서비스 회사가 비트코인을 접목하기에 이른다. 예를 들어, 비자가 솔라나Solana에 서클의 USD 스테이블코인을 통합하고, 페이팔이 페이팔 USD를 도입한 것은 결제 및 국경 간 거래에서 블록체인 효율성을 수용하는 방향으로의 전환을 보여 준다.

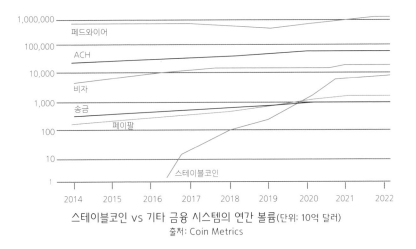

스테이블코인 vs 기타 금융 시스템의 연간 볼륨(단위: 10억 달러)
출처: Coin Metrics

달러와 연계된 스테이블코인의 중요성이 커짐에 따라 금융 부문에 큰 영향을 미쳐 잠재적으로 국경을 넘어 돈이 이동하는 방식이 재편될 것이다. 스테이블코인이 지배력에 정면으로 도전한다기보다는, 지속적으로 진화하고 주류 금융 기관에서 수용이 늘어나면서 글로벌 금융의 지형을 크게 변화시키고 실제로 달러를 지배적인 글로벌 통화로 강화할 수 있는 잠재력이 있다.

CBDC 범용화가 갖는 사회경제적 함의

스테이블코인의 급속한 채택으로 중앙은행 디지털화폐CBDC에 대한 전 세계적인 관심이 촉발되었다. 2024년 3월 기준 전 세계 GDP의 98%를 차지하는 134개 국가 및 통화동맹monetary unions이 CBDC를 적극적으로 탐색하고 있다. 2020년 5월 기준 35개에 불과했던 수치가 월등히 높아졌다. 분산형 암호화폐 및 스테이블코인과 달리 CBDC는 기본 인프라에 대한 제어를 중앙 집중화하고 법정화폐를 순수히 디지털 형태로 바꾼 것이다. 중앙은행이 발행하고 규제하는 CBDC는 효율성, 거래 비용 절감, 분산원장 기술DLT의 이점을 활용하는 동시에 감독과 통제를 보장함으로써 금융 시스템을 현대화하는 것을 목표로 삼는다. 또한, 다양한 연구를 통해 CBDC를 활용하여 은행 서비스를 이용할 수 없는 인구를 대상으로 금융 접근성을 확대할 기회가 있음을 강조했다.

바하마·나이지리아와 같은 국가에서는 이미 디지털화폐를 출시했지만 활용은 제한적이다. 2020년 중국의 디지털 위안화e-CNY 도입은 e-CNY를 사용한 거래가 7월까지 1조 8,000억 위안에 달하는 등 중요한 진전을 이루었다. 이는 중국에서 유통되는 현금의 0.16%에 불과하지만 상하이 석유 천연가스거래소에서 페트로차이나 인터내셔널 PetroChina International Corp Ltd이 최초로 국제 원유 거래를 e-CNY로 결제한 것이 주목할 만한 이정표였다. 브라질도 디지털화폐인 드렉스 DREX의 파일럿 출시를 계획하면서 이 분야에서 발전해 나가고 있다. 도매 은행 간 거래에 분산원장 기술을 사용하는 이 이니셔티브는 브라질에서 성공을 거둔 즉시 결제 시스템 픽스 Pix의 전례를 따른다. 픽스는 QR코드에 포함된 사용자 정보이름, ID 번호, 휴대전화 등로 즉시 자금 이체를 무료로 제공한다. 드렉스 이니셔티브는 토큰화된 은행 예금을 기반으로 한 거래를 촉진할 준비가 되어 있으며 중앙은행에서 디지털화폐의 진화하는 역할을 강조한다.

CBDC가 더욱 광범위하게 채택되고 기술적으로 발전함에 따라 국경 간 결제에 대한 통합 표준을 확립할 가능성이 있으며, 이를 통해 스위프트와 같은 전통적인 중개자에 대한 의존도나 달러와 같은 주요 통화의 사용을 줄일 수 있다. 또한, CBDC는 결제 자동화를 위해 스마트 컨트랙트를 사용함으로써 프로그래밍할 수 있는 화폐 개념을 현실화해 금융 혁신을 실현할 수 있다. BIS가 주도하고 중국, 홍콩, 태국, 아랍에미리트 중앙은행이 참여하는 엠브릿지 프로젝트는 효율적이고 안전한 국경 간 결제를 촉진한다는 점에서 스마트 컨트랙트의 잠재력을 보여 준다. CBDC의 지속적인 개발과 채택 증가는 통화 거래뿐만 아니라 경제 및 지정학적 역학에 영향을 미쳐 글로벌 금융 시스템을 재형성할 가능성이 있다.

돈의 역사:

잡학 칼럼

돈의 역사:

잡학 칼럼

세계에서 발행되는 지폐의 약 70%에 초상화가 사용되는 이유는?

퇴계 이황, 율곡 이이, 세종대왕, 신사임당의 공통점은? 현재 한국 지폐의 초상화에 등장하는 인물이다. 각 나라마다 지폐에 들어갈 인물을 선정할 때 국민의 의견을 반영해 투표에 부치기도 하지만, 지폐에 들어갈 인물을 선정하는 기준은 비슷하다.

> **지폐에 들어갈 인물을 선정하는 기준**
>
> ❶ 위조 방지를 위해 가능한 한 정밀한 사진을 입수할 수 있을 것
> ❷ 지폐에 어울리는 품격을 지닌 인물일 것
> ❸ 국민이 널리 인지하고 공적을 인정받았을 것

초상화가 그려진 지폐는 18세기 유럽에서 처음으로 만들어졌다. 여신과 수호신 등을 묘사했지만 점차로 국왕이나 정치가의 초상화도 사용하게 되었다. 예나 지금이나 전 세계의 지폐에는 초상화가 흔히 사용된다. 미국 1달러 지폐에는 워싱턴 초대 대통령이, 5달러 지폐에는 링컨 대통령이 등장한다. 영국은 엘리자베스 여왕, 인도는 간디, 중국은 마오쩌둥의 초상화가 지폐에 등장한다. 세계에서 발행되는 지폐 중 약 70%가 초상화를 사용한다고 한다.

세계 각국의 지폐에 초상화가 그려져 있는 것은 '위조지폐 방지'라는 취지가 크다. 우리 인간은 '얼굴'을 인식하는 능력이 뛰어나다고 한다. 얼굴 생김새의 미묘한 차이와 표정의 미세한 변화를 인식할 수 있기 때문에 가짜 지폐를 만들어도 지폐의 초상화가 약간 흐릿해진다거나 디자인이 약간 다르다는 것을 즉시 알아차릴 수 있다. 이처럼 초상화에는 인간의 능력을 이용해 위조지폐의 유통을 막으려는 의도가 담겨 있다.

지폐의 초상화와 관련해 18세기 후반 프랑스에서 일어난 프랑스 혁명의 유명한 에피소드가 있다. 당시 프랑스의 국왕이었던 루이 16세는 가족과 함께 왕비 앙투아네트의 모국으로 망명을 시도했다. 그러나 국경 근처의 바렌Varennes이라는 곳에서 잡혀 파리로 돌아오게 된다.

실제로 당시 프랑스 지폐에는 루이 16세의 초상화가 사용되었고 왕의 얼굴은 전국 각지에 알려져 있었다. 따라서 신문이나 텔레비전이 없던 시절에 변장에도 불구하고 루이 16세가 도주 중에 발견된 것은 순전히 이 지폐 때문이었다고 한다.

동전의 탄생

세계 최초로 화폐_{동전}가 사용된 것은 언제였을까? 누가, 어디서 만들었을까? 정확히 알려진 바는 없지만, 동전에 관한 가장 오래된 기록은 4500년 전 고대 메소포타미아로 거슬러 올라간다. 메소포타미아는 티그리스강과 유프라테스강 사이의 지역으로, 현재 이라크 남부에 해당한다. 이른바 '세계 4대 문명'의 발상지 중 하나로 세계사 교과서에 등장한다. 메소포타미아 지역에서 발굴된 고대의 설형문자_{楔形文字}로 기록된 비문에는 대금을 지급하는 데 은을 사용한 내용이 기록되어 있다. 설형문자는 그림문자에서 발달한 상형문자의 일종이다. 점토 위에 갈대나 금속으로 만든 펜으로 새겨 썼기 때문에 문자의 선이 쐐기 모양으로 되어 설형문자 혹은 쐐기문자라고 한다.

메소포타미아의 설형문자	리디아 왕국의 일렉트럼화
출처: laitimes	출처: prestigecoin

세계 최초의 동전은 오늘날의 100원이나 500원짜리처럼 동전 하나하나에 일정한 가치가 매겨져 있던 것은 아니고 거래가 일어날 때 금이나 은 등 금속의 무게를 재서 그 무게를 가치의 단위로 삼아 지급했다고 한다. 이 외에도 기원전 14세기경에 그려진 이집트 벽화에

도 금속의 무게를 재는 저울을 묘사한 그림이 발견되었다.

현재 발견된 동전 중에서 가장 오래된 것은 기원전 7세기 리디아 왕국현재의 터키 서부에서 만든 '일렉트럼' 동전이다. 일렉트럼 동전은 금과 은의 합금으로 만들었으며, 무게값가 다른 동전이 여러 종류 만들어졌다. 돈의 단위는 무게를 나타내는 스타텔Stater로, 1 스타텔 동전, 1/6 스타텔 동전, 1/24 스타텔 동전과 같은 식으로 분수 단위로 만들어졌으며, 동전의 표면에는 리디아 왕의 문장인 사자의 이미지와 동전의 무게가 새겨져 있었다.

리디아 동전의 가장 큰 특징은 금속의 무게를 미리 측정해 그 가치를 체계적으로 정해 놓고 만들었다는 점이다. 즉 거래할 때마다 저울로 무게를 잴 필요가 없어 이전 동전보다 훨씬 편리했다고 한다.

이러한 동전을 제작하겠다는 생각은 그리스와 로마로도 퍼져나갔다. 또한, 고대 그리스의 왕으로 유명한 알렉산더 대왕이 먼 아시아로 동방 원정에 나섰을 때 서아시아 지역에까지 전해졌다고 한다. 그리스와 로마에서 출토된 동전에는 왕들의 초상화나 아테나의 여신 미네르바와 항상 함께 다니는 신조神鳥인 부엉이 모양이 조각되어 있다.

고대 그리스 아테네에서는 드라크마Drachma를 기본 단위로 삼는 은화를 만들었고, 스파르타에서는 철화를 유통했다. 가장 잘 알려진 드라크마 은화는 '테트라 드라크마 은화'로 앞면에는 아테나 여신, 뒷면에는 부엉이미네르바의 부엉이가 새겨져 있다. 또한, 로마 제국의 콘스탄티누스Constantinus 황제는 '솔리두스 금화'를 주조 발행했는데, 제국 영토의 지중해 지역 전역에 배포함으로써 상업이 활발해졌다. 달러를 '$'로 표기하는 것은 라틴어의 금화를 의미하는 '솔리두스

solidus'의 첫 글자 S에서 유래한다고 한다.

주조 기술이 발달하자 중국에서도 기원전 8세기경부터 조개껍데기 대신에 금속을 화폐로 사용하기 시작했다. 그러나 당시 중국 화폐는 농기구나 무기 등의 모양을 본뜬 형태로, 동전 모양이 아니라 '물품화폐'에 불과했다. 이후 고대 그리스, 로마처럼 금속을 이용한 동전이 세계 각지에서 만들어지기 시작해 화폐 중심의 경제가 확산하였다.

테트라 드라크마 은화
출처: antiquesage

농기구, 무기 등의 모양을 본뜬 중국 화폐
출처: 露天

유럽보다 수백 년 먼저 탄생한 중국의 지폐

"원나라의 초대 황제인 쿠빌라이 칸Kublai Khan은 가장 위대한 연금술사였다." 동양 문화를 유럽에 전했다고 알려진 유명한 이탈리아 여행가 마르코 폴로Marco Polo는 그의 저서 《동방견문록》에 이렇게 기록했다고 한다. 그가 중국을 방문했던 시기는 13세기로, 이 당시 유럽에는 지폐가 아직 존재하지 않았다. 따라서 중국에서 지극히 평범하게 생긴 종이가 돈으로 유통되는 현장을 보고 적잖은 충격을 받았을 것이다. "중국의 황제는 종이를 돈으로 바꾼다. 마치 연금술사처럼…"라고 표현했다.

세계 최초의 본격적인 지폐는 10세기 중국북송 왕조에서 만든 '교자交子'라고 한다. 지금은 별로 특출날 게 없다고 여기는 지폐이지만, 지폐를 만들려면 종이를 만드는 기술과 더불어 대량의 종이에 글자와 무늬를 쓰는 인쇄 기술이 필요하다. 제지와 인쇄 기술 모두 중국에서 발명되었으므로 세계 최초의 지폐가 중국에서 탄생한 것은 당연한 일이다.

종이를 발명한 사람은 채륜蔡倫이었다. 기원후 105년 무렵, 나무껍질, 마 부스러기, 어망 등을 물에 녹이고 이를 얇게 떠서 종이를 만들었다. 당시에는 종이를 만드는 기술이 매우 귀중했기 때문에 해외로 전파하기가 어려웠다고 한다. 따라서 중국이 아닌 다른 나라에서 지폐가 주조되기 시작한 것은 훨씬 나중의 일이었다. 유럽 최초의 지폐는 15세기 후반1483년 스페인이 되어서야 만들어졌고, 일본 최초의 지폐라고 일컫는 '야마다하가키山田羽書'는 1600년경에 등장했다.

중국에서 교자 지폐가 만들어진 것은 지리적으로 현재의 쓰촨성四川省에 해당한다. 이 지역은 상업은 번성했지만 당시 동전의 소재로 일반적으로 사용하던 구리가 생산되지 않아 철제 동전을 사용했다. 다만 철제 화폐는 무겁고 휴대가 불편하며 쉽게 녹슬기 때문에 금속으로서 가치도 낮고 인기가 없었던 듯하다. 따라서 편리한 대안으로 지폐가 고안되었다. 교자는 처음에는 상인들이 개인적으로 만들었지만 점차 국가가 발행하는 추세로 바뀌었다.

당시 중국 지폐의 가장 큰 특징은 지폐 자체에 '위조지폐를 만들지 말라'라는 경고문이 인쇄되어 있었다. 위조지폐를 만드는 범죄를 매우 중대하게 다뤄 범인은 사형을 선고받았다. 한편, 범인을 발견한 사람에게는 상금 외에 범인의 재산까지 준다는 규정이 있었으며, 이를 지폐 자체에 명기함으로써 위조지폐 유통을 막으려고 했다. 지폐에 위조 금지 경고문을 쓰는 관행은 이후 유럽에서도 널리 사용되었다. 또한, 국가가 지폐에 사용하는 종이의 제조를 독점하거나 복잡한 문양을 디자인에 사용하는 등 위조지폐를 방지하기 위한 다양한 아이디어가 이 시기에 도입되었다.

1375년 중국 명나라에서 만든 세계 최대의 지폐 '대명통행보초 大明通行宝钞'이다. 세로 338mm, 가로 220mm로 A4 크기 정도이다. 이 지폐에도 위조 금지 경고문이 인쇄되어 있다.

출처: 일본 국립인쇄국

이탈리아어 '반코 banco'에서 유래한 '뱅크 bank'

돈을 맡기거나 돈을 빌려주는 '은행'의 역사는 매우 오래되었다. 세계 최초의 은행은 기원전 3000년으로 거슬러 올라간다. 서아시아의 티그리스강과 유프라테스강 하류 현재의 이라크 등에 위치한 고대 바빌로니아 왕조에서는 신전에서 사람들의 재산과 귀중품을 보관하고 곡식과 가축을 빌려주었다고 한다. 이것이 은행의 기원이라고 한다.

또한, 고대 이집트에서는 곡물이 화폐의 기능을 수행했으며, 곡물 창고가 은행과 같은 역할을 했다고 한다. 이 창고는 단순히 곡물을 저장할 뿐만 아니라 현재 우리가 '어음'이라 부르는 업무도 담당했다. '어음'은 멀리 떨어져 있는 사람에게 대금을 지급할 때 돈을 이동하지 않고 지급을 완결하는 것으로 현대의 '수표'나 '은행 이체' 등이 이에 해당한다. 고대 이집트 각지의 곡물 창고 보관 상황은 지중해 연안 도시인 알렉산드리아에 있는 중앙 창고에 모이고 기록되었다. 이 기록을 바탕으로 당시 사람들은 곡물을 옮기지 않고 거래했다.

고대 은행의 발달에는 어음 업무 외에도 환전 업무가 있었다. 환전은 수수료를 받고 국가나 지역마다 다른 통화를 교환하는 사업이다. 당시에는 지역마다 다른 통화를 사용해 상업이 발달함에 따라 지역 간의 거래를 촉진하기 위해 환전상이 필요했다. 결국 단순한 환전 업무뿐만 아니라 자금을 빌려주기 시작한다.

'은행'을 영어로 '뱅크 Bank'라고 부르는데 12세기 무렵 상업이 한창 번성하던 북부 이탈리아의 환전상이 사용하고 있던 '방코 Banco, 기다란 탁자'라는 단어에서 유래했다고 한다. 오늘날 우리가 이용하는 근대적인 은행은 17세기 유럽에서 탄생했다. 1694년 영국에서 창설된 '잉글랜드 은행'이다.

최초로 은행업이 발달한 이탈리아
Bench (거래 책상) → Banco (길찍한 탁자)

무역이 왕성하게 일어난 이탈리아에서는 환전상이 번창
무현금 어음결제, 계좌 간 자금 이동을 처리해 주는 방코도 출현

 우리나라 최초의 은행은 1899년 대한민국 최초의 민족 자본으로 설립한 '대한천일은행'인데 현재 우리은행으로 명맥이 이어진다. 일본에서도 은행과 같은 금융 회사는 오래전부터 존재해 왔다. 대표적인 예가 에도시대江戸時代, 1603년~1868년에 발전한 환전상이다. 환전상으로 큰 성장을 거둔 미쓰이Mitsui와 스미토모Sumitomo 등은 오늘날 일본 대형 은행 그룹의 모태를 이룬다.

화폐의 초상화에 등장하는 여성들

화폐에 초상화를 사용하는 사례는 세계 각지에서 찾아볼 수 있는데 그 성별을 보면 현재는 여성보다 남성이 많은 듯하다. 예를 들어, 현재 미국에서 발행되는 지폐는 1달러에서 100달러에 이르기까지 7종류가 있다. 조지 워싱턴George Washington과 에이브러햄 링컨Abraham Lincoln을 비롯해 모든 초상화에 남성이 등장한다.

전 세계 지폐 중에서 약 10%만이 여성의 초상화를 사용한다. 여성 초상화가 그려진 지폐는 아직 많지 않지만, 그것만으로도 세계의 '얼굴'이 된 여성들의 업적이 얼마나 대단한지 짐작할 수 있다. 이는 과거 유럽과 미국 등에서 여성의 사회 참여가 철저히 제한되었던 이유에서 비롯하지만 지폐 특유의 사정이 있었던 듯하기도 하다. 원래 지폐에 초상화를 사용하는 이유는 얼굴을 인식하는 능력을 이용해 위조를 방지하려는 의도가 있다. 따라서 지폐에 사용하는 초상화에는 얼굴에 주름과 턱수염 등의 요소가 많은 노인이 적합하므로 턱수염을 기른 남자들이 주로 선택된다. 또한, 지폐는 얼굴의 미세한 요철을 표현하기 위해 많은 선을 사용하기 때문에 여성의 초상화를 아름답게 인쇄하는 작업이 기술적으로 어려웠다는 요인도 있었다. 최근에는 과거에 비해 인쇄 기술과 위조 방지 기술이 비약적으로 발전하여 지폐에 여성 초상화를 사용하는 사례가 늘어나고 있는 듯하다.

화폐에 등장하는 세계 여성들
출처: atenna

(1) 엘리자베스 2세 여왕, 1926~2022

▨ 영국: 모든 현행 지폐 (1960년~)

　우리가 잘 알고 있는 위인 중에는 플로렌스 나이팅게일 Florence Nightingale 이나 마리 퀴리 Marie Curie의 초상화가 지폐에 사용된 예가 있다. 그 중에는 여러 나라의 지폐에 초상화가 사용되는 사례도 있다. 2022년 9월 서거할 때까지 70년간 영국을 통치했던 영국의 엘리자베스 2세 여왕이 그런 경우다. 엘리자베스 2세 Elizabeth II는 공무에 열정적인 여왕으로 알려졌지만, 남편의 외도, 자녀의 이혼, 며느리 다이애나 왕세자빈의 사망, 해리 왕자의 공직 은퇴 등 가족 문제로 늘 고민에 시달렸다.

　엘리자베스 2세 여왕의 초상은 현재도 영국의 20파운드 지폐를 비롯해 캐나다, 호주, 뉴질랜드, 영국의 해외 영토인 케이맨 제도 Cayman Islands 등의 화폐에도 사용된다. 과거에는 '대영제국'이라 불리는 영국이 전 세계에 영토를 자랑한 역사가 있어 영국과 밀접한 관련이 있는 이들 국가의 화폐에는 영국 여왕이 그려져 있다. 서거와 함께 여왕의 초상화가 그려진 지폐와 동전은 2024년 6월 5일부터 점차 현 국왕인 찰스 3세 Charles III 국왕으로 대체되었다.

　한때 엘리자베스 여왕의 지폐는 나이에 맞춰 초상화가 개정된 것으로도 유명하다. 1960년 1파운드 지폐에 처음 등장했을 때는 34세 무렵의 모습이, 1990년 이후 발행된 지폐에는 60세 무렵의 모습이 사용되었다. 일반적으로 지폐의 초상화에는 이미 고인이 된 인물을 선택하는 경우가 많지만, 이처럼 살아있는 사람을 사용한 경우 시간이 지남에 따라 사람의 모습이 바뀌기 때문에 그에 맞춰 화폐도 새롭게 제조하는 쪽을 선택하는 듯하다.

(2) 프리다 칼로 화가, 1907~1954

▨ 멕시코: 500페소 지폐 (2010년~)

프리다 칼로Frida Kahlo는 독일 태생헝가리계 유대인인 아버지와 메스티소원주민과 백인의 혼혈 어머니 사이에서 태어났다. 6세 때 소아마비를 앓았고 18세 때 교통사고를 당해 평생 신체적 장애와 고통을 안고 살았다.

화가를 꿈꾸던 프리다는 20세 연상의 유명 화가 디에고 리베라Diego Rivera, 1886~1957를 만나 22세에 결혼했다. 그러나 화가로서 프리다의 성공은 그들의 결혼 관계를 파탄에 이르게 했다. 그녀는 1939년에 리베라와 이혼했다가 1년 뒤에 리베라와 재결합했다. 결혼 생활 중에도 프리다는 무수히 많은 남자와 관계를 맺었고, 자신이 양성애자라는 사실을 숨기지 않았다. 프리다는 약 200점의 그림을 그렸는데 대부분이 자화상이었다. 과감한 색채를 사용하고 고통, 아픔, 상처 등의 감정을 불러일으키는 작품을 그렸다. 그녀의 충격적인 화풍은 오늘날에도 여전히 사람들의 마음을 사로잡고 있다. 2010년부터 유통되기 시작한 500페소 지폐의 한쪽에는 디에고의 초상화가, 다른 한쪽에는 프리다의 초상화가 그려져 있다.

(3) 쓰다 우메코 교육자, 1864~1929

▣ 일본: 5,000엔 지폐 (2024년~)

　일본 정부는 2024년 7월 1일부터 1만 엔, 5,000엔, 1,000엔 지폐의 디자인을 새롭게 발행했다. 그중에서 5,000엔 지폐에는 도쿄도의 명문 사립 여대 쓰다주쿠대학津田塾大学의 설립자 쓰다 우메코津田梅子가 등장한다. 쓰다 우메코는 일본 여성 교육의 선구자로 평가받는 인물이다. 그녀는 일본 최초의 여성 교환 학생 중 한 명으로 6세의 나이에 미국으로 건너간 후 11년간의 교육을 마치고 일본으로 돌아와 화족여학교華族女学校 교수로 일했다. 그 후, 다시 미국으로 유학을 떠났다가 일본으로 귀국해 1900년 35세의 나이로 현재의 쓰다주쿠대학을 설립했다.

　당시는 현모양처 풍조하에 여성이 사회에 진출하는 것이 매우 어려웠지만 쓰다 우메코는 '남성과 협력하여 동등한 역할을 할 수 있는 여성의 육성'을 목표로 여성의 개성을 존중하는 영어 교육과 소그룹 교육에 힘을 쏟았기 때문에 일본 여성 교육의 선구자로 알려져 있다.

(4) 신사임당 화가, 1504~1551

▣ 한국: 5만 원권 지폐 (2009년~)

　우리나라에서 여성이 최초로 화폐에 등장한 것은 1962년 5월이다. 당시 박정희 군사정권은 제1차 경제개발 5개년 계획 추진에 필요한 자금을 조달하고자 어머니와 아들이 저축 통장을 바라보며 웃는 모습을 화폐에 넣었다. 그러나 발행한 지 25일 만에 제3차 화폐 개혁으로 폐기되며 최단명 지폐로 남았다.

실제로 통용하는 화폐에 여성 위인이 제대로 실린 것은 2009년 발행된 신사임당에 새겨진 5만 원권이다. 2007년 한국은행은 5만 원권과 10만 원권에 들어갈 10명의 후보를 발표했고, 그중 5만 원권에 신사임당이 선정됐다.

이슬람 국가의 독특한 재정 구조

돈은 예로부터 신앙심과 밀접한 관련이 있다고 한다. 돈을 영어로 '머니money'라고 부르는데 고대 로마의 여신 '유노 모네타Juno Moneta'에서 유래한다. 풍요와 번영을 의미하는 이 여신의 신전에 최초의 조폐국이 만들어지면서 '머니'라는 단어가 탄생했다고 한다. 그리스와 로마에서 출토되는 동전에 아테네의 여신을 상징하는 부엉이가 새겨져 있다고 말하는데, 이는 돈에 대한 신앙심의 표현이었을지도 모른다. 한국에서도 절에서 참배할 때 '공양'으로 돈을 바치는 풍습이 있지만, 이 경우 돈은 신이나 부처에게 바치는 공물의 의미가 있다.

한편, 중세 유럽의 기독교 국가에서는 돈을 빌려주고 이자를 취하는 것을 나쁘다고 여겼다. 그 결과 당시 유럽에서 금융업에 종사하고 있던 사람 중 상당수는 직업 때문에 박해를 받은 유대인들이었다. 세익스피어의 유명한 희곡 《베니스의 상인The Merchant of Venice》에 고리대금업자 샤일록Shylock이 비극적인 악당으로 등장하는데, 이 샤일록도 유대인으로 설정되었다. 이윽고 금융이 세계에서 점점 더 큰 역할을 하게 되면서 유대인들이 운영하는 사업은 거대한 금융 그룹으로 성장해 가게 된다. 세계 최대의 금융 재벌인 영국의 로스차일드 Rothschild & Co가 그 예다.

돈에 대한 이미지는 나라마다 시대마다 다르다. 이는 이후 금융업 등에도 다양한 영향을 미쳤다. 이슬람교 국가에서는 지금도 교리에 따라 돈을 빌려주고 이자를 받는 행위를 금지하고 있다. '스스로 일하지 않으면서 돈을 융통해 이익을 얻는 것은 옳지 않다'라는 생각일는지도 모른다. 따라서 이슬람 국가에서는 기업이 은행에서 돈을 빌려 공장을 지을 수 없고, 사람들은 주택 융자를 이용해 집을 살 수 없다. 그 결과 이슬람 국가에서는 '이슬람 금융Islamic Finance'이라고 하는 독특한 금융 시스템이 고안되었다.

예를 들어, 공장을 짓는 경우 먼저 이슬람 은행이 건설 자금을 떠맡고 공장을 짓는다. 그런 다음 할부 형태로 회사에 판매한다. 은행 입장에서 건설 자금과 판매 가격의 차액이 이익이다. 한국의 금융 회사로 말하자면 리스나 신용카드 사업의 시스템과 비슷하다. 돈을 빌려주는 대신에 비용을 부담하는 방식이다. 그러나 이슬람 금융에서는 거래가 이슬람 교리에 위배되지 않는지 이슬람 법학자한테 검토를 받아야 해서 절차도 매우 복잡하다.

많은 이슬람 국가가 산유국이며 급속한 경제 발전을 거둔 나라가 많다. 따라서 최근 몇 년 동안 이슬람 금융 거래의 규모가 확대되고 있는 것으로 보인다.

미네르바의 부엉이
천 년에 한 번
있을까 말까 하는
화폐의 진화

초판 1쇄 인쇄   2024년   8월   5일
초판 1쇄 발행   2024년   8월   15일

저자   김수진
펴낸이   박정태
편집이사   이명수   출판기획   정하경
편집부   김동서, 박가연
마케팅   박명준, 박두리   온라인마케팅   박용대
경영지원   최윤숙

펴낸곳   BOOK★STAR
출판등록   2006. 9. 8. 제 313-2006-000198 호
주소   파주시 파주출판문화도시 광인사길 161 광문각 B/D 4F
전화   031-955-8787   팩스   031-955-3730
E-mail   kwangmk7@hanmail.net
홈페이지   www.kwangmoonkag.co.kr

ISBN   979-11-88768-85-1   03320
가격   19,000원